KB218061

포교를 위한

불교기초상식

한영출판사

머리말

이 책은 불교에 처음 입문하신 분들은 물론, 사찰을 오랫동안 다니고 계신 분이라 할지라도 사찰예법이나 불교에 대한 기본적인 지식을 잘 모르는 분들을 위하여 제작된 포교용 불서입니다. 이 책을 제작하기 위해 전국의 사찰에서 이루어지고 있는 불교 신행의 다양한 사례를 수집하고 초심자들에게 필요한 내용을 여러 스님들을 통해서 조사하였고, 불자들이 꼭 알아야 할 지식을 엄선하여 본문을 구성하였습니다.

1986년, 이 책이 본사에서 초판으로 발간된 이래로 전국 유수의 사찰에 보급되어 왔고, 이 책이 발행된 즈음에 더욱 대중적인 차원에서 불교 포교의 필요성이 대두되기 시작했습니다. 당시 포교 일선에서 필요한 자료들이 턱없이 부족한 실정에서 이 책의 초판본은 수십 년 동안 한국의 불자들에게 기초입문서로서 신행 생활에 길잡이가 되어왔습니다.

금번에 새롭게 하여 발행되는 『불교 기초상식』 개정 증보판에서는 초판에서 다루지 않았던 내용을 일부 추가하였습니다. 예를 들면 경전의 성립이나 대승불교가 일어난 원인과 영향 등에 대한 부분 등 기존에 미미했던 부분들을 수록하여 책의 완성도를 높이고자 하였습니다.

　1장 사찰예법/법회편에서는 사찰에서 기본적으로 지켜야 할 예절을 수록하였고, 법회에 참석하여 법회 순서에 따라 의식에 동참할 수 있게 구성하였습니다. 2장 예경편에는 불교 의식에 많이 독송되는 〈천수경〉 등의 내용을 새로운 해석과 함께 실었습니다. 3장 불교상식편에서는 불자들이 꼭 알아두어야 할 기초교리를 최대한 간략하게 망라하였고, 부록으로는 〈불설삼세인과경〉과 불교 용어사전을 초판에 보완하여 수록하였습니다.

　초판 발행으로부터 지금까지 『포교를 위한 불교 기초상식』에 찬사를 보내주신 사부대중 여러분께 머리 숙여 감사드립니다. 이 책을 통해 초심자들이 불교를 바르게 이해하고, 나아가 일선에서 포교활동을 하는 데 도움이 되기를 간절히 바랍니다.

불기 2563년(2019년) 4월 편집부

차 례
Contents

1 사찰예법 법회편

제1장
사찰예법/법회편

사 찰 예 법

참배법

도량에 들어가거나 나올 때는 입구에서 법당을 향하여 반배한다.

법당문을 들어갈 때

조실스님이나 법사가 아니면 가운데 문으로 출입하는 것을 금한다. 일반 신도는 반드시 옆문으로 들어가야 한다.

문 여는 법

문 앞에서 일단 합장한 다음 두 손으로 조용히 문을 열고, 열리는 쪽의 발을 먼저 들여놓고 내놓는 것이 좋다.

법당에 들어가서

부처님을 향하여 합장 반배한다.

법당 안에서는 합장한 자세로 사뿐사뿐 조심스럽게 걷고, 경건한 마음가짐을 가지며, 단정하고 정중하게 행동한다. 부처님께 청정 감로수를 올리고자 할 때는 법당 안에 비치된 차관(茶罐, 주전자)을 사용하며, 다기 그릇을 들고 다녀서는 안 된다.

향 꽂는 법

향을 사를 때에는 한 개를 집어 불을 붙이고 이마 위로 다소곳이 올려 예의를 표한 다음, 향로에 정중히 꽂는다. 이때 자기 집 식구 수 대로 향을 올리는 등의 자세는 바람직하지 못하다.

촛불을 붙일 때 주의

이미 앞의 사람이 불을 켰을 때는 그대로 참배하고 자기가 가지고 온 초는 탁상 위에 가지런히 올려놓으면 된다. 이렇게 향을 사르고 불을 켠 다음 뒷걸음으로 몇 발자국 물러서서 자리를 정한 후 오체투지하여 삼정례(三頂禮)한다. 주의할 점은 자기가 맨 마지막으로 법당을 나오게 되었을 때는 반드시 촛불을 끄고 주위를 정리한 다음 조용히 법당을 나와야 한다. 촛불은 입으로 불어서 끄지 말고, 손 끝으로 쥐어서 끄든지 손바람을 내어 끄고, 기구가 마련되었을 때는 기구를 사용한다.

합장하는 법

두 손을 앞으로 올려 가슴 위에 맞닿게 하되, 두 손바닥과 열 손가락이 밀착되어야 하며 가슴 위에 너무 붙지 않도록 한다. 그리고 몸을 앞으로 너무 구부리지 말고 약 30° 정도로 하여 뒤로 제치거나 손이 밑으로 쳐지지 않도록 하되 자연스러워야 한다.

이 합장법은 불교 고유의 예법으로 최대의 공경을 표시하는 인사법이다. 또한 길에서 스님을 만나거나 법우(法友)를 만났을 때에도 합장으로 인사한다.

합장하는 까닭

합장하는 마음과 귀의하는 마음은 곧 신심을 말하는 것이요, 두 손을 합치면

**오른손은 부처님의 세계요
왼손은 중생인 자기인 것이다.**

즉, 오른손과 왼손을 모으는 합장은 중생인 자신을 부처님의 세계로 이끄는 의식이다.

이와 같이 두 손을 합쳐서 귀의하는 마음을 가지면 부처님의 세계는 바로 자신의 마음에 있다는 것을 깨닫게 되고, 마음 안에 있는 불성(佛性)이 밖으로 향할 때 비로소 부처님의 세계와 하나가 된다.

반배(半拜)하는 법

합장한 자세에선 선 채로 자연스럽게 허리를 약 60° 가량 굽혔다가 다시 일으킨다.

이때 너무 많이 굽히거나 너무 빨리 굽히는 것은 좋지 않으며, 자기보다 아랫사람이라 하여 답례를 할 때 고개만 굽혔다가 펴는 것도 좋지 않은 것이다.

삼배(三拜)하는 법

법당에서 부처님을 참배하거나 덕 높으신 큰 스님을 친견했을 때는 엄숙하게 삼정례하여야 한다.

① 합장하고 선 자세에서 반배한다.

② 합장한 채 상체는 약간 굽힌 듯해서 두 무릎만 가지런히 바닥에 댄다.

③ 왼발을 오른발 위에 겹쳐 X자 형이 되게 하고, 이때 엉덩이를 발 뒤꿈치에 밀착시킨다.

④ 무릎 바로 앞에 팔꿈치가 오도록 하되 두 손을 동시에 바닥에 대며, 손과 팔은 무릎에서 일직선이 되게 한다. 이 때 이마는 땅에 대고 양손을 공손히 하여 무엇을 떠받드는 모양으로 귀 위까지 올려서 경건한 뜻을 표한다.[唯願半拜]

⑤ 세 번 거듭하고 일어날 때 합장하고 앉은 자세에서 허리를 바로 일으켰다가 다시 이마와 두 손을 바닥에 대어 앉은 채로 반절을 한다.

이것이 보통 절에서 하는 삼배법이다. 일반적으로 스님들이 절을 할 때 엎드려서 오른손 왼손 차례로 바닥에 대는 것은 두 손을 동시에 대면 가사가 흩어지기 때문이다. 옛부터 절은 절(拜)을 하는 곳이란 뜻으로 순수한 우리 나라 말이다.

삼배를 하는 까닭

① 첫 번째 절은 오직 부처님을 공경하는 뜻이고,
② 두 번째 절은 부처님 법에 귀의하는 뜻이며,
③ 세 번째 절은 부처님의 제자인 거룩한 스님들을 공경하는 뜻이다.

절을 하는 공덕

마음이 산란하고 어리석고 화를 잘 내고 욕심이 많은 삼독심(三毒心)이 가득 찬 사람이라도 지성으로 절을 하면 나쁜 마음이 일어나지 않고 약한 마음도 굳세게 된다. 산란하던 마음이 가라앉고 침착해지므로 정신력이 모이고 마음이 밝아지게 되며 따라서 지혜가 열리게 된다. 또 참회가 되고 정진이 되므로 업장(業障)이 소멸되고 액난(厄難)이 사라진다.

장난이 심하고 주의력이 산만하던 어린아이도 절을 자주 시키면 마음이 차차 침착해지고 집중력이 길러져 지능도 높아지고 공부도 잘 된다.

탐진치의 삼독심으로 업을 많이 짓고 죄의 길로 떨어지는 우리들의 마음을 바로 잡는데 절은 일반 신도의 제일의 수행(修行)이 된다.

향과 촛불을 밝히는 까닭

① 향은 자기의 몸을 태움으로써 아름다운 향기와 광명을 발산한다.
② 초는 자기의 몸을 태움으로써 밝은 빛을 발한다.

그러므로 한 자루의 초나 한 개비의 향이 자기의 몸을 태움으로써 그의 사명을 다하는 것과 같이 우리도 자기의 공덕을 이웃에 회향하고 나에게 충실함으로써 이와 같은 빛을 발할 수가 있다.

불공이나 기도하는 태도

불자들의 일상생활은 거룩하신 부처님의 가호 속에서 살아감을 확신하여야 한다. 그러한 마음가짐이 행복한 삶이다. 가정에 경사스러운 일이 있을 때는 부처님의 고마움을 알아서 공양을 올리도록 하며, 어려운 재난이 있을 때도 간절한 마음으로 재난에서 벗어나는 지혜와 용기를 얻도록 기도하여야 한다.

혼자서 절에 갔을 때는 기도나 불공을 단독으로 할수 있지만, 여러 불자가 동시에 갔을 때도 다 같이 동참하도록 한다.

동참했을 때는 질서를 존중해야 하며 자기 집의 축원이 아니라도 정성스럽게 절을 할 수 있어야 한다.

스님에 대한 예절

스님이 지나갈 때 앉아서 보고 있지 말고 일어나서 합장하여 인사한다. 스님을 친견할 때는 가능하면 사전에 허락을 받아서 스님 수행에 방해가 되지 않게 한다. 스님의 허락을 받아 친견할 때는 삼배를 올리고 정면에서 약간 옆에 앉는다.

잡다한 일이나 세속적인 일로 스님의 시간을 많이 뺏어서는 안 되며, 스님 앞에서 다른 절이나 다른 스님의 흉을 봐서는 안 된다. 또한, 자신의 이익을 위해 스님에게 세속의 청탁을 하지 말며 스님의 나이나 과거의 인연들을 묻지 말아야 한다.

아주 중요한 일이 아니면 저녁 늦게 스님을 찾아뵙지 않는다. 어디서든 스님들의 허물은 말하지 말며 스님의 옷을 만진다거나 접촉하지 않는다.

큰스님의 존함을 함부로 부르거나, 지나친 농담을 한다거나 스님들이 포살(布薩)할 때에 엿듣는 것은 크게 잘못된 행동이다.

비록 어린 사미승일지라도 이미 깨달음을 위해 출가한 스님으로 알아야 한다. 스님은 삼보(三寶) 가운데 승보(僧寶)이며 모든 이의 복전(福田)이 되므로 공경하는 마음으로 귀의해야 한다.

그 밖의 예절

① 법당 내에서는 소리나게 걸어서는 안 된다.

② 예배를 드릴 때는 법당 중앙을 피하여 측면에 서서 한다.

③ 공양이나 의식을 할 때가 아니면 초는 켜지 말고 향만 사르는 것이 좋다.

④ 향이 이미 피고 있을 때는 사르지 말고 없을 때만 사르되, 한 개만 사르도록 한다.

⑤ 경내에서 스님을 만나게 되면 반배하는 것이 상례이다. 이때 아는 스님만 가려서 하는 것은 좋지 않다.

법회염송

법회 시작 때나 끝날 때, 혹은 설법이 끝난 직후 법사의 주재로 선·후창한다. (법사 부재 시 대표가 대신해도 좋다.)

법사 위없이 심히 깊은 미묘한 법을

일동 백천만겁 지난들 어찌 만나리.

법사 제가 이제 보고 듣고 받아지니니

일동 부처님의 진실한 뜻 알아지이다.

법사 향 사르고 머리 숙여 법장을 열고자 하옵니다.

일동 『옴 아라남 아라다』 (세 번)

법사 넓고 깊은 사랑과 자애로운 그 모습 나투시어
　　　일천의 장엄하신 눈으로 온 세상 살피시고,
　　　일천의 장엄하신 손으로 중생을 거두소서.

일동 불보살 대비주에 의지하옵니다.
　　　팔만사천 간절한 말씀 속에 비밀한 뜻 보이시고,
　　　한량없는 자비로서 온 세상 밝히소서.

법사 삼계의 스승이요, 사생에 자부이신 부처님!

일동 백호의 금색 광명 온 우주를 비추니,
　　　　이 마음 먹는 대로 모든 소원 이루게 하소서.

법사 대자대비하신 부처님!

일동 삼계의 윤회는 두레박질 같아서
　　　　억만 겁이 지나도 끝이 없으니,
　　　　금생에 이 몸을 구하지 못하면
　　　　다시 어느 생을 기다려 제도 하리요.

법사 원하옵니다. 저희로 하여금 광명장이 되오며
　　　　신통장이 되어서, 생사 바다 건너 바라밀을
　　　　갖추어지이다.

일동 하늘 위나 하늘 아래 부처님이 제일이시니
　　　　시방세계 그 어디에서 견줄 이 없네.

법사 무량수 무량광이신 부처님께
　　　　거듭 귀명하옵니다.

일동 나무 석가모니불. 나무 석가모니불.
　　　　나무 시아본사 석가모니불.

집 회 가

정운문 작사
정민섭 작곡

1. 우 리는 성-전에 모-두모-였네-
대 자비 대광명이 충 만하-신 곳 -
거 룩하신 부처님의 진-리를 배워 -
무 상보 리 이루어서 생 사면-하 고 -
가 없은 중-생을 제-도하-고 저 -
성 스러 운 불회상에 같 이모-였 네 -

2. 우 리는 불-전에 모-두모-였네-
대 원력 대보살이 웃 음짓-는 곳 -
장 하옵신 보살님의 원-력을 따 라 -
무 상불 도 이루어서 고 해면-하 고 -
수 많은 중-생을 인-도하-고 저 -
존 엄하 신 불도량에 같 이모-였 네 -

삼 귀 의

최영철 작곡
서창업 편곡

장중하게

거룩한 부-처님께 귀의합니다

거룩한 가-르침에 귀의합니다

거룩한 스-님들께 귀의합니다

거룩한 부-처님께 귀의합니다

거룩한 가-르침에 귀의합니다

거룩한 스-님들께 귀의합니다

찬 불 가

조학유 작사
작곡자 미상

1. 둥 글 고또 한 밝 은빛 은 우 주를 싸 고   고
2. 저 모 든하 늘 가 운데 서 가 장높 - 고   이

르 고다 시 넓 은덕 은 만 물을길 러   억
넓 은세 상 만 유중 에 제 일귀하 사   지

만 겁토 록 변 함없 이 부 처님 전 에   한
혜 와복 덕 구 족하 신 부 처님 전 에   한

마 음함 께 기 울여 서 찬 양합 시 다
마 음함 께 기 울여 서 찬 양합 시 다

예불문
禮 佛 文

헌다게 차 올리는 게송
獻 茶 偈

아금청정수	변위감로다
我 今 淸 淨 水	變 爲 甘 露 茶

봉헌삼보전	원수애납수
奉 獻 三 寶 前	願 垂 哀 納 受

오분향 향 올리는 게송
五 分 香

계	향	악함이 없고 청정한 마음의 향
戒	香	

정	향	번뇌가 끊어진 마음의 향
定	香	

혜	향	어둠과 어리석음이 없는 마음의 향
慧	香	

해	탈	향	모든 고통에서 벗어난 마음의 향
解	脫	香	

해탈지견향 얽매임에서 벗겨 주는 마음의 향
解 脫 知 見 香

광명운대 주변법계 공양시방 무량
光 明 雲 臺　周 偏 法 界　供 養 十 方　無 量

불법승
佛 法 僧

광명 구름 두루 하여 시방세계 한량없는 삼보님전
공양합니다.

헌향진언 마음의 향을 드리는 진언
獻 香 眞 言

『**옴 바아라 도비야 훔**』 (세 번)

지심귀명례　삼계도사 사생자부
至 心 歸 命 禮　三 界 導 師 四 生 慈 父

시아본사 석가모니불(절)
是 我 本 師 釋 迦 牟 尼 佛

지극한 마음으로, 온 세계 스승이며 모든 중생
어버이신 석가모니 부처님께 절하옵니다.

지심귀명례　시방삼세 제망찰해
至 心 歸 命 禮　十 方 三 世 帝 網 刹 海

상주일체 불타야중 (절)
常住 一切 佛陀耶衆

지극한 마음으로, 온 세계 항상 계신 거룩하신
부처님께 절하옵니다.

지심귀명례   시방삼세 제망찰해
至心歸命禮   十方三世 帝網刹海
상주일체 달마야중 (절)
常住 一切 達摩耶衆

지극한 마음으로, 온 세계 항상 계신 거룩하신
가르침에 절하옵니다.

지심귀명례   대지문수사리보살
至心歸命禮   大智文殊師利菩薩
대행보현보살
大行普賢菩薩
대비관세음보살
大悲觀世音菩薩
대원본존지장보살마하살 (절)
大願本尊地藏菩薩摩訶薩

지극한 마음으로, 대지문수사리보살 · 대행보현보살 ·
대비관세음보살 · 대원본존 지장보살님께 절하옵니다.

지심귀명례 **영산당시 수불부촉 십**
至心歸命禮 靈山當時 受佛咐囑 十

대제자 십육성 오백성
大弟子 十六聖 五百聖

독수성 내지천이백제대
獨修聖 乃至千二百諸大

아라한 무량자비성중(절)
阿羅漢 無量慈悲聖衆

지극한 마음으로, 부처님께 부촉받은 십대제자·
십육성·오백성·독수성 내지 천이백 아라한께
절하옵니다.

지심귀명례 **서건동진 급아해동**
至心歸命禮 西乾東震 及我海東

역대전등 제대조사
歷代傳燈 諸大祖師

천하종사 일체미진수
天下宗師 一切微塵數

제대선지식 (절)
諸大善知識

지극한 마음으로, 불법 전한 역대조사·천하종사·
한량없는 선지식께 절하옵니다.

지심귀명례 **시방삼세 제망찰해**
至心歸命禮　十方三世 帝網刹海

상주일체 승가야중 (절)
常住一切 僧伽耶衆

지극한 마음으로, 온 세계 항상 계신 거룩하신 스님들께 절하옵니다.

유원 무진삼보 대자대비 수아정례
唯願 無盡三寶 大慈大悲 受我頂禮

명훈가피력 원공법계제중생
冥熏加被力 願共法界諸衆生

자타일시성불도
自他一時成佛道

다함없는 삼보시여, 저희 예경 받으시고, 가피력을 내리시어, 법계중생 모두 함께 성불하여지이다.

마하반야바라밀다심경
摩訶般若波羅蜜多心經

관자재보살 행심반야바라밀다시
觀自在菩薩 行深般若波羅蜜多時

조견오온개공 도일체고액
照見五蘊皆空 度一切苦厄

사리자 색불이공 공불이색
舍利子 色不異空 空不異色

색즉시공 공즉시색
色卽是空 空卽是色

수상행식 역부여시
受想行識 亦復如是

사리자 시제법공상 불생불멸
舍利子 是諸法空相 不生不滅

불구부정 부증불감
不垢不淨 不增不減

시고공중무색 무수상행식
是故空中無色 無受想行識

무안이비설신의 무색성향미촉법
無眼耳鼻舌身意 無色聲香味觸法

무안계내지 무의식계
無眼界乃至 無意識界

무무명 역무무명진
無無明 亦無無明盡

내지 무노사 역무노사진
乃至 無老死 亦無老死盡

무고집멸도 무지역무득 이무소득고
無苦集滅道 無智亦無得 以無所得故

보리살타 의반야바라밀다고
菩提薩埵 依般若波羅蜜多故

심무가애 무가애고 무유공포
心無罣碍 無罣碍故 無有恐怖

원리전도몽상 구경열반
遠離顚倒夢想 究竟涅槃

삼세제불 의반야바라밀다
三世諸佛 依般若波羅蜜多

고득아녹다라삼먁삼보리
故得阿耨多羅三藐三菩提

고지 반야바라밀다 시대신주
故 知 般 若 波 羅 蜜 多 是 大 神 呪

시대명주 시무상주 시무등등주
是 大 明 呪 是 無 上 呪 是 無 等 等 呪

능제일체고 진실불허
能 除 一 切 苦 眞 實 不 虛

고설반야바라밀다주 즉설주왈
故 說 般 若 波 羅 蜜 多 呪 卽 說 呪 曰

『아제 아제 바라아제 바라승아제
揭 諦 揭 諦 波 羅 揭 諦 波 羅 僧 揭 諦

모지 사바하』(세 번)
菩 提 娑 婆 訶

반야심경 해설

관자재보살이 깊은 반야바라밀다를 행할 때, 오온이 공한 것을 비추어 보고 온갖 고통에서 건너느니라.

사리자여! 색이 공과 다르지 않고 공이 색과 다르지 않으며 색이 곧 공이요 공이 곧 색이니, 수·상·행·식도 그러하니라.

사리자여! 모든 법은 공하여 나지도 멸하지도 않으며, 더럽지도 깨끗하지도 않으며, 늘지도 줄지도 않느니라.

그러므로 공 가운데는 색이 없고 수·상·행·식도 없으며, 안·이·비·설·신·의도 없고, 색·성·향·미·촉·법도 없으며, 눈의 경계도 의식의 경계까지도 없고, 무명도 무명이 다함까지도 없으며, 늙고 죽음도 늙고 죽음이 다함까지도 없고, 고·집·멸·도도 없으며, 지혜도 얻음도 없느니라.

얻을 것이 없는 까닭에 보살은 반야바라밀다를 의지하므로 마음에 걸림이 없고 걸림이 없으므로 두려움이 없어서, 뒤바뀐 헛된 생각을 멀리 떠나 완전한 열반에 들어가며, 삼세의 모든 부처님도 반야바라밀다를 의지하므로 최상의 깨달음을 얻느니라.

반야바라밀다는 가장 신비하고 밝은 주문이며 위없는 주문이며 무엇과도 견줄 수 없는 주문이니, 온갖 괴로움을 없애고 진실하여 허망하지 않음을 알지니라. 이제 반야바라밀다주를 말하리라.

『아제아제 바라아제 바라승아제 모지 사바하』

(세 번)

발 원 문
發 願 文

영원한 생명이요, 끝없는 광명이시며, 중생의 모든 소망 다함 없이 거두어 주시는 대자대비하신 부처님이시여!

오늘 이곳에 모인 저희들은 가슴을 열고 지성으로 합장하여 발원하옵니다.

거룩하신 부처님! 어둠 속에 방황할 때 부처님의 눈빛을 보게 하시고 시련에 헤매일 때 따스한 손길을 잡게 하시며, 미워하고 원망할 때 미소를 보게 하시며, 절망과 좌절에 허덕일 때 부처님의 고행을 보이시어 용기를 배우게 하소서.

이제 부처님의 가르치심을 만나 진리의 참뜻을 믿고 닦아 바르게 살아가고자 발원하옵니다.

만 중생을 자비의 손길로 어루만져 주시는 거룩하신 부처님이시여!

희망에 가득 찬 구원의 밝은 빛을 찾아 부처님의 따뜻한 자비의 품 안으로 돌아가나이다.

원하옵나니 세계와 국가가 평화롭고 사회와 가정이 화목하며, 중생의 지혜와 복덕은 갖추어져 다시는 윤회의 업보를 받지 않게 하옵소서.

온 가족이 건강하고 마음이 밝아, 하고자 하는 일이 원만히 성취되게 하옵소서.

자비하신 부처님!

신·구·의 삼업(三業)으로 부질없이 지은 죄를 모두 참회하옵나니, 탐욕과 성냄과 어리석음으로 다시 또 업을 짓게 하지 마시옵고, 지혜와 용기를 충만케 하시어 부처님의 따뜻한 자비의 품 안에서 영겁토록 떠나지 않게 지켜 주옵소서.

감응하시옵소서.

오늘 저희들이 원하는 모든 일이 부처님의 가피를 입어 뜻대로 되게 하소서.

바라옵건대, 이 공덕으로 멀리 있거나 가까이 있거나, 모든 생명 모든 사람에게 행복과 평화와 보은이 있게 하여 주시옵소서.

거룩하신 부처님께 발원하옵니다.

나무 석가모니불

나무 석가모니불 나무 시아본사 석가모니불.

입 정
入 定

입정은 곧 좌선(座禪)을 말한다. 좌선법에 따라 몸가짐을 바로 하고 호흡을 조절하며 마음을 가다듬고 고요히 한 경계(境界)에 머물게 한다.

방석 위에 정좌하여 등뼈를 똑바로 하고 허리를 쭉 펴며, 가부좌(跏趺座) 또는 반가부좌로 앉는다.

손을 펴서 왼편 손등을 오른편 손바닥 위에 올려 놓고 엄지손가락을 가볍게 서로 맞대어 타원형이 되게 한 다음 배꼽 밑 단전(丹田) 부분에 댄다.

눈의 각도는 지그시 반쯤 뜨고 코끝을 내려다본다. 입은 꼭 다물고 이도 지그시 문 다음 혀끝을 입천장에 댄다. 천천히 코로 들이마신 숨이 단전에까지 이르도록 깊이 하되 고요하고 미세하게 반복한다.

마음을 고요히 한 곳에 모아 전념해 나간다.

이때 마음을 한곳에 모으기 위해 '무(無)'·'이 무엇인가' 등 일정한 화두(話頭)를 든다.

청법가

이광수 작사
이찬우 작곡

1. 덕 높-으 신 스-승님   사 자좌에 오 르사 -
2. 덕 높-으 신 법-사님   대 법좌에 오 르사 -

사 자-후 를 합-소서   감 로법 을 주- 소서
법 을-- 설 하-소서   맘 을씻 어 주- 소서

옛 인연 을 이 어서   새 인연 을 맺-도록
모 두발 심 하 도록   같 이성 불 하-도록

대 자-비 를 베-푸사   법 을-설 하 옵-소서
대 원-력 을 펴-시사   길 을-인 도 하-소서

설 법
說 法

　설법이란 삼보 중의 법보(法寶)인 경전에 의지하여 법사가 부처님을 대신해서 불교의 진리를 중생에게 일깨워 주는 경건한 말씀이다.

　법사가 주재하지 않고 일반 신도만의 법회 때에는 경전의 어느 부분을 그대로 봉독(奉讀)함도 좋고, 혹은 불심이 돈독한 신도가 사전에 설법 내용을 준비하여 강론하여도 되겠다.

　친지나 이웃에게 권하여 많은 사람이 법문을 듣게 하면 공덕 중 가장 큰 공덕이 된다.

각단정근
各壇精勤

석가모니불 정근 (모두 함께)
釋迦牟尼佛 精勤

나무 영산불멸 학수쌍존 시아본사
南無 靈山不滅 鶴樹雙存 是我本師

석가모니불 ……
釋迦牟尼佛

(또는)

나무 삼계도사 사생자부 시아본사
南無 三界導師 四生慈父 是我本師

석가모니불 ……
釋迦牟尼佛

삼계의 도사이시고 사생의 자부이신 나의 근본 스승인 석가모니부처님께 귀의합니다.

마칠 때

천상천하무여불   시방세계역무비
天上天下無如佛   十方世界亦無比

세간소유아진견　일체무유여불자
世間所有我盡見　一切無有如佛子

고아일심귀명정례
故我一心歸命頂禮

하늘 위나 하늘 아래에 부처님 같으신 분 없고, 시방 세계에 또한 비교할 바 없네.

세상 천지를 내가 다 보아도 도무지 부처님 같으신 분 없네. 그러므로 내가 일심으로 귀명정례하옵니다.

아미타불 정근
阿彌陀佛　精勤

나무 서방정토 극락세계 아등도사
南無　西方淨土　極樂世界　我等導師

나무 아미타불……
南無　阿彌陀佛

서방정토 극락세계의 대교주이신 무량수부처님께 귀의합니다.

마칠 때

아미타불 본심미묘진언
阿彌陀佛　本心微妙眞言
아미타부처님의 미묘한 진언

『다냐타 옴 아리다라 사바하』(세 번)

계수서방안락찰　　접인중생대도사
稽首西方安樂刹　　接引衆生大導師

아금발원원왕생　　유원자비애섭수
我今發願願往生　　唯願慈悲哀攝受

고아일심귀명정례
故我一心歸命頂禮

　서방정토 극락국에 중생을 인도하는 아미타부처님께 머리 숙여 원하오니 왕생하시고 오직 자비로써 섭수하소서. 그러므로 내가 일심으로 귀명정례하옵니다.

약사여래불 정근
藥師如來佛　精勤

나무 동방만월세계 십이상원
南無　東方滿月世界　十二上願

약사유리광여래불 ……
藥師琉璃光如來佛

마칠 때

십이대원접군기　　일편비심무공결
十二大願接群機　　一片悲心無空缺

범부전도병근심　불우약사죄난멸
凡夫顚倒病根深　不遇藥師罪難滅

고아일심귀명정례
故我一心歸命頂禮

관세음보살 정근
觀世音菩薩 精勤

나무 보문시현 원력홍심 대자대비
南無 普門示現 願力弘深 大慈大悲

구고구난 관세음보살……
救苦救難 觀世音菩薩

널리 두루 나투시고 원력이 깊으시며 큰 자비로 세상
을 고난에서 구해 주시는 관세음보살님께 귀의합니다.

마칠 때

관세음보살 멸업장진언
觀世音菩薩 滅業障眞言

『옴 아로륵계 사바하』 (세 번)

구족신통력　광수지방편
具足神通力　廣修智方便

시방제국토　무찰불현신
十方諸國土　無刹不現身

고아일심귀명정례
故我一心歸命頂禮

신통력을 구족하시고 널리 지혜의 방편을 닦아서 시방의 모든 국토에 몸을 나투지 않음이 없기에 그러므로 내가 일심으로 귀명정례하옵니다.

지장보살 정근
地藏菩薩　精勤

나무 남방화주 대원본존 고혼천도
南無　南方化主　大願本尊　苦魂薦度

지장보살……
地藏菩薩

남방의 화주이시고 큰 원의 본존이신 지장보살님께 귀의하옵니다.

마칠 때

지장보살 멸정업진언
地藏菩薩　滅定業眞言

『옴 바라 마리다니 사바하』 (세 번)

지장대성위신력 항하사겁설난진
地 藏 大 聖 威 神 力　　恒 河 沙 劫 說 難 盡

견문첨례일념간 이익인천무량사
見 聞 瞻 禮 一 念 間　　利 益 人 天 無 量 事

고아일심귀명정례
故 我 一 心 歸 命 頂 禮

지장대성의 위신력은 항하사 겁토록 설해도 다하기 어려워라. 보고 듣고 일념간이라도 예하면 인천의 이익이 무량하리라. 그러므로 내가 일심으로 귀명정례 하옵니다.

원멸사생육도 법계유정 다겁생래
願 滅 四 生 六 道　　法 界 有 情　　多 劫 生 來

죄업장 아금참회계수례 원제죄장
罪 業 障　　我 今 懺 悔 稽 首 禮　　願 諸 罪 障

실소제 세세상행보살도 (삼 배)
悉 消 除　　世 世 常 行 菩 薩 道

원이차공덕 보급어일체 아등여중생
願 以 此 功 德　　普 及 於 一 切　　我 等 與 衆 生

당생극락국 동견무량수 개공성불도
當 生 極 樂 國　　同 見 無 量 壽　　皆 共 成 佛 道

불교도의 노래

서정주 작사
김동진 작곡

장중하게

1. 삼계의 고해에 길을밝히고   사생의 세계에
2. 인연의 쓰고도 아리는사슬   윤회의 고달픈
3. 연꽃아 피어서 부처님아래   사자야 모여서

새 빛을더 할 용맹이여 오라- 뜨 는해처럼
머 나먼길을 풀-려서 진여의 꽃 동산이라
불 법지켜 라 무-량한 우리들 힘 을다하여

겨 레와 중생을 두 루비치라
향 기여 천지에 넘 쳐나가라 우리는 감로로
영 겁을 빛내고 또 빛내리라

공 양하나니 우리에게 죽음도 이 미없도다

사 홍 서 원

최영철 작곡
김용호 편곡

중 생 을 다 - - 건 지 오 리 다

번 뇌 를 다 - - 끊 으 오 리 다

법 문 을 다 - - 배 우 오 리 다

불 도 를 다 - - 이 루 오 리 다

산 회 가

정운문 작사
정민섭 작곡

1. 몸 은비-록 이 자리에서 헤어-지지 만
2. 이 세상-에 중생들은떨 어져-살지 만

마 음-은 언 제라도 떠나-지마 세
부 처님의 대 자비는 어디나차있 네

거룩 하 신부처님 을 항상모시- 고
참 된 삶 의밝은빛 을 함께찾아- 서

오 늘배 -운 높은법문 깊이-새겨 서
오 늘익 -힌 깊 은신행 바탕-을삼 아

다음날 - 반가웁 게 한맘한뜻으로
억겁에 쌓 인무명모두 다 -벗고서

부 처 님 의 성전- 에 다시만나- 세
부 처 님 의 크신뜻을 높이빛내- 세

제 2 장
예 경 편

천 수 경
千 手 經

정구업진언 구업을 청정케 하는 진언
淨 口 業 眞 言

『수리수리 마하수리 수수리 사바하』(세 번)

오방내외안위제신진언
五 方 內 外 安 慰 諸 神 眞 言

오방내외 신중을 편안하게 모시는 진언

『나무 사만다 못다남 옴 도로도로 지
미 사바하』(세 번)

개경게 경전을 펴는 게송
開 經 偈

무상심심미묘법 위없이 심히깊은
無 上 甚 深 微 妙 法 미묘한 법을

백천만겁난조우
百千萬劫難遭遇

백천만겁 지난들
어찌만나리

아금문견득수지
我今聞見得受持

제가이제 보고듣고
받아지니니

원해여래진실의
願解如來眞實意

부처님의 진실한뜻
알아지이다

개법장진언
開法藏眞言

법장을 여는 진언

『옴 아라남 아라다』 (세 번)

천수천안관자재보살 광대원만
千手千眼觀自在菩薩 廣大圓滿

무애대비심 대다라니계청
無碍大悲心 大陀羅尼啓請

천수천안 관음보살 광대하고 원만하며 걸림없는
대비심의 다라니를 청하옵니다

계수관음대비주
稽首觀音大悲呪

자비로운 관세음께
절하옵나니

원력홍심상호신
願力弘深相好身

크신원력 원만상호
갖추시옵고

천비장엄보호지
千 臂 莊 嚴 普 護 持

천손으로 중생들을 거두시오며

천안광명변관조
千 眼 光 明 遍 觀 照

천눈으로 광명비춰 두루살피네

진실어중선밀어
眞 實 語 中 宣 密 語

진실하온 말씀중에 다라니펴고

무위심내기비심
無 爲 心 內 起 悲 心

함이없는 마음중에 자비심내어

속령만족제희구
速 令 滿 足 諸 希 求

온갖소원 지체없이 이뤄주시고

영사멸제제죄업
永 使 滅 除 諸 罪 業

모든죄업 길이길이 없애주시네

천룡중성동자호
天 龍 衆 聖 同 慈 護

천룡들과 성현들이 옹호하시고

백천삼매돈훈수
百 千 三 昧 頓 熏 修

백천삼매 한순간에 이루어지니

수지신시광명당
受 持 身 是 光 明 幢

이다라니 지닌몸은 광명당이요

수지심시신통장
受 持 心 是 神 通 藏

이다라니 지닌마음 신통장이라

세척진로원제해
洗 滌 塵 勞 願 濟 海

모든번뇌 씻어내고
고해를 건너

초증보리방편문
超 證 菩 提 方 便 門

보리도의 방편문을
얻게 되오며

아금칭송서귀의
我 今 稱 誦 誓 歸 依

제가이제 지송하고
귀의하오니

소원종심실원만
所 願 從 心 悉 圓 滿

온갖소원 마음따라
이뤄지이다

나무대비관세음
南 無 大 悲 觀 世 音

자비하신 관세음께
귀의하오니

원아속지일체법
願 我 速 知 一 切 法

일체법을 어서속히
알아지이다

나무대비관세음
南 無 大 悲 觀 世 音

자비하신 관세음께
귀의하오니

원아조득지혜안
願 我 早 得 智 慧 眼

지혜의눈 어서어서
얻어지이다

나무대비관세음
南 無 大 悲 觀 世 音

자비하신 관세음께
귀의하오니

원아속도일체중
願 我 速 度 一 切 衆

모든중생 어서속히
건네지이다

나무대비관세음
南無大悲觀世音

자비하신 관세음께
귀의하오니

원아조득선방편
願我早得善方便

좋은방편 어서어서
얻어지이다

나무대비관세음
南無大悲觀世音

자비하신 관세음께
귀의하오니

원아속승반야선
願我速乘般若船

지혜의배 어서속히
올라지이다

나무대비관세음
南無大悲觀世音

자비하신 관세음께
귀의하오니

원아조득월고해
願我早得越苦海

고통바다 어서어서
건너지이다

나무대비관세음
南無大悲觀世音

자비하신 관세음께
귀의하오니

원아속득계정도
願我速得戒定道

계정혜를 어서속히
얻어지이다

나무대비관세음
南無大悲觀世音

자비하신 관세음께
귀의하오니

원아조등원적산
願我早登圓寂山

열반언덕 어서어서
올라지이다

나무대비관세음
南 無 大 悲 觀 世 音

자비하신 관세음께
귀의하오니

원아속회무위사
願 我 速 會 無 爲 舍

무위집에 어서속히
들어지이다

나무대비관세음
南 無 大 悲 觀 世 音

자비하신 관세음께
귀의하오니

원아조동법성신
願 我 早 同 法 性 身

진리의몸 어서어서
이뤄지이다

아약향도산
我 若 向 刀 山

칼산지옥 제가가면

도산자최절
刀 山 自 摧 折

칼산절로 꺾여지고

아약향화탕
我 若 向 火 湯

화탕지옥 제가가면

화탕자소멸
火 湯 自 消 滅

화탕절로 사라지며

아약향지옥
我 若 向 地 獄

지옥세계 제가가면

지옥자고갈
地 獄 自 枯 渴

지옥절로 없어지고

아약향아귀 我若向餓鬼

아귀세계 제가가면

아귀자포만 餓鬼自飽滿

아귀절로 배부르며

아약향수라 我若向修羅

수라세계 제가가면

악심자조복 惡心自調伏

악한마음 선해지고

아약향축생 我若向畜生

축생세계 제가가면

자득대지혜 自得大智慧

지혜절로 얻어지이다

나무관세음보살마하살 南無觀世音菩薩摩訶薩

관세음보살 마하살께 귀의합니다

나무대세지보살마하살 南無大勢至菩薩摩訶薩

대세지보살 마하살께 귀의합니다

나무천수보살마하살 南無千手菩薩摩訶薩

천수보살 마하살께 귀의합니다

나무여의륜보살마하살

南 無 如 意 輪 菩 薩 摩 訶 薩

여의륜보살 마하살께 귀의합니다

나무대륜보살마하살

南 無 大 輪 菩 薩 摩 訶 薩

대륜보살 마하살께 귀의합니다

나무관자재보살마하살

南 無 觀 自 在 菩 薩 摩 訶 薩

관자재보살 마하살께 귀의합니다

나무정취보살마하살

南 無 正 趣 菩 薩 摩 訶 薩

정취보살 마하살께 귀의합니다

나무만월보살마하살

南 無 滿 月 菩 薩 摩 訶 薩

만월보살 마하살께 귀의합니다

나무수월보살마하살

南 無 水 月 菩 薩 摩 訶 薩

수월보살 마하살께 귀의합니다

나무군다리보살마하살

南 無 軍 茶 利 菩 薩 摩 訶 薩

군다리보살 마하살께 귀의합니다

나무십일면보살마하살
南無十一面菩薩摩訶薩
십일면보살 마하살께 귀의합니다

나무제대보살마하살
南無諸大菩薩摩訶薩
제대보살 마하살께 귀의합니다

나무본사아미타불 (세 번)
南無本師阿彌陀佛
본사 아미타부처님께 귀의합니다

신묘장구대다라니 신묘한 대다라니
神妙章句大陀羅尼

나모라 다나 다라야야 나막알약 바
로기제 새바라야 모지사다바야 마
하사다바야 마하가로 니가야 옴 살
바 바예수 다라나 가라야 다사명
나막 까리다바 이맘알야 바로기제
새바라 다바 니라간타 나막하리나

야 마발다 이사미 살발타 사다남
수반아예염 살바보다남 바바마라
미수다감 다냐타 옴 아로계 아로가
마지로가 지가란제 혜혜하례 마하
모지 사다바 사마라 사마라 하리나
야 구로구로 갈마 사다야 사다야
도로도로 미연제 마하미연제 다라
다라 다린 나례 새바라 자라자라
마라미마라 아마라 몰제 예혜혜 로
계 새바라 라아 미사미 나사야 나
베사미사미 나사야 모하자라 미사
미 나사야 호로호로 마라호로 하례
바나마나바 사라사라 시리시리 소
로소로 못쟈못쟈 모다야 모다야 매

다리야 니라간타 가마사 날사남 바
라하라나야 마낙 사바하 싯다야 사
바하 마하싯다야 사바하 싯다유예
새바라야 사바하 니라간타야 사바
하 바라하 목카싱하 목카야 사바하
바나마 하따야 사바하 자가라 욕다
야 사바하 상카섭나네 모다나야 사
바하 마하라 구타다라야 사바하 바
마사간타 이사시체다 가릿나 이나
야 사바하 먀가라 잘마니바 사나야
사바하

『나모라 다나다라 야야 나막알야 바
  로기제 새바라야 사바하』_(세 번)

사방찬 사방을 깨끗이 하는 찬
四方讚

일쇄동방결도량
一 灑 東 方 潔 道 場

동방에 물뿌리니
도량이 맑고

이쇄남방득청량
二 灑 南 方 得 淸 凉

남방에 물뿌리니
청량 얻으며

삼쇄서방구정토
三 灑 西 方 俱 淨 土

서방에 물뿌리니
정토 이루고

사쇄북방영안강
四 灑 北 方 永 安 康

북방에 물뿌리니
평안해지네

도량찬 청정한 도량의 찬
道 場 讚

도량청정무하예
道 場 淸 淨 無 瑕 穢

온도량이 청정하여
티끌 없으니

삼보천룡강차지
三 寶 天 龍 降 此 地

삼보천룡 이도량에
강림하시네

아금지송묘진언
我 今 持 誦 妙 眞 言

제가이제 묘한진언
외우옵나니

원사자비밀가호
願 賜 慈 悲 密 加 護

대자대비 베푸시어
가호하소서

참회게 죄업을 뉘우치는 게송
懺悔偈

아석소조제악업
我 昔 所 造 諸 惡 業

지난세월 제가지은
모든 악업은

개유무시탐진치
皆 由 無 始 貪 瞋 癡

옛적부터 탐진치로
말미암아서

종신구의지소생
從 身 口 意 之 所 生

몸과말과 생각으로
지었사오니

일체아금개참회
一 切 我 今 皆 懺 悔

제가이제 모든죄업
참회합니다

참제업장십이존불
懺 除 業 障 十 二 尊 佛

열두 부처님을 칭명하여,
듣게 되면 업장이 소멸되는 가지참회법

나무참제업장보승장불
南 無 懺 除 業 障 寶 勝 藏 佛

한 번만 외워도 짐승을 타고 다닌 죄를 소멸함

보광왕화렴조불
寶 光 王 火 燄 照 佛

한 번만 외워도 상주 지물을 손해한 죄를 소멸함

일체향화자재력왕불

一 切 香 火 自 在 力 王 佛

한 번만 외워도 일평생 계행 파한 죄를 소멸함

백억항하사결정불

百 億 恒 河 沙 決 定 佛

한 번만 외워도 일평생 살생한 죄를 소멸함

진위덕불

振 威 德 佛

한 번만 외워도 사음한 죄악과 악구한 죄를 소멸함

금강견강소복괴산불

金 剛 堅 强 消 伏 壞 散 佛

한 번만 외워도 아비지옥에 떨어지지 않음

보광월전묘음존왕불

普 光 月 殿 妙 音 尊 王 佛

한 번 외우면 대장경을 한 번 읽은 공덕과 같음

환희장마니보적불

歡 喜 藏 摩 尼 寶 積 佛

외우는 공덕은 다른 부처님의 공덕과 같음

무진향승왕불

無 盡 香 勝 王 佛

무량겁에 생사중죄를 초월하여 숙명지를 얻음

사자월불
獅子月佛
듣기만 해도 무량겁의 생사중죄를 소멸함

환희장엄주왕불
歡喜莊嚴珠王佛
예배하면 오백만억 겁의 생사중죄를 멸함

제보당마니승광불
帝寶幢摩尼勝光佛
귀의하면 오백만억 겁의 생사중죄를 멸함

십악참회　열 가지 죄업을 참회함
十惡懺悔

살생중죄금일참회
殺生重罪今日懺悔

살생으로　지은죄업
참회합니다

투도중죄금일참회
偸盜重罪今日懺悔

도둑질로　지은죄업
참회합니다

사음중죄금일참회
邪淫重罪今日懺悔

사음으로　지은죄업
참회합니다

망어중죄금일참회
妄語重罪今日懺悔

거짓말로　지은죄업
참회합니다

기어중죄금일참회
綺語重罪今日懺悔

꾸민말로 지은죄업
참회합니다

양설중죄금일참회
兩舌重罪今日懺悔

이간질로 지은죄업
참회합니다

악구중죄금일참회
惡口重罪今日懺悔

악한말로 지은죄업
참회합니다

탐애중죄금일참회
貪愛重罪今日懺悔

탐욕으로 지은죄업
참회합니다

진에중죄금일참회
瞋恚重罪今日懺悔

성냄으로 지은죄업
참회합니다

치암중죄금일참회
癡暗重罪今日懺悔

어리석어 지은죄업
참회합니다

백겁적집죄
百劫積集罪

오랜세월 쌓인죄업

일념돈탕진
一念頓蕩盡

한생각에 없어지니

여화분고초
如火焚枯草

마른풀이 타버리듯

멸진무유여
滅盡無有餘

남김없이 사라지네

죄무자성종심기
罪 無 自 性 從 心 起

죄의자성 본래없어
마음따라 일어나니

심약멸시죄역망
心 若 滅 時 罪 亦 亡

마 음 이 사라지면
죄도함께 없어지네

죄망심멸양구공
罪 亡 心 滅 兩 俱 空

모든죄가 없어지고
마음조차 사라져서

시즉명위진참회
是 則 名 爲 眞 懺 悔

죄와마음 공해지면
진 실 한 참회라네

참회진언 죄업을 뉘우치는 진언
懺 悔 眞 言

『옴 살바못자 모지 사다야 사바하』 (세 번)

준제찬 준제주의 찬
準 提 讚

준제공덕취
准 提 功 德 聚

준제주는 모든공덕
보고이어라

적정심상송
寂 靜 心 常 誦

고 요 한 마음으로
항상외우면

일체제대난
一 切 諸 大 難

이세상 온갖 재난

무능침시인
無 能 侵 是 人
침범 못하리

천상급인간
天 上 及 人 間
하늘이나 사람이나
모든 중생이

수복여불등
受 福 如 佛 等
부처님과 다름없는
복을 받으니

우차여의주
遇 此 如 意 珠
이와같은 여의주를
지니는 이는

정획무등등
定 獲 無 等 等
결정코 최상의 법
이루오리라

나무칠구지불모대준제보살 (세 번)
南 無 七 俱 胝 佛 母 大 准 提 菩 薩

정법계진언 법계를 맑게 하는 진언
淨 法 界 眞 言

『**옴 남**』(세 번)

호신진언 몸을 보호하는 진언
護 身 眞 言

『**옴 치림**』(세 번)

관세음보살 본심미묘 육자대명왕진언
觀世音菩薩 本心微妙 六字大明王眞言
관세음보살의 본마음을 보여주는 미묘한 육자대명왕진언

『옴 마니 반메 훔』(세 번)

준제진언　준제보살의 진언
准 提 眞 言

『나무 사다남 삼먁 삼못다 구치남 다
냐타 옴 자례주례 준제 사바하 부
림』(세 번)

준제발원　준제보살의 발원
准 提 發 願

아금지송대준제 我 今 持 誦 大 准 提	제가이제 준제주를 지송하오니
즉발보리광대원 卽 發 菩 提 廣 大 願	보리심을 발하오며 큰원 세우고
원아정혜속원명 願 我 定 慧 速 圓 明	선정지혜 어서속히 밝아지오며
원아공덕개성취 願 我 功 德 皆 成 就	모든공덕 남김없이 성취하옵고

원아승복변장엄 수승한복 두루두루
願我勝福遍莊嚴 장엄하오며

원공중생성불도 모든중생 깨달음을
願共衆生成佛道 이뤄지이다

여래십대발원문 부처님께 발하는 열 가지 원
如來十大發願文

원아영리삼악도 원하오니 삼악도를
願我永離三惡道 길이 여의고

원아속단탐진치 탐진치 삼독심을
願我速斷貪瞋癡 속히 끊으며

원아상문불법승 불법승 삼보이름
願我常聞佛法僧 항상 듣고서

원아근수계정혜 계정혜 삼학도를
願我勤修戒定慧 힘써 닦으며

원아항수제불학 부처님을 따라서
願我恒隨諸佛學 항상 배우고

원아불퇴보리심 원컨대 보리심에
願我不退菩提心 항상 머물며

원아결정생안양 결정코 극락세계
願我決定生安養 가서 태어나

원아속견아미타 아미타 부처님을
願我速見阿彌陀 친견하옵고

원아분신변진찰 온세계 모든국토
願我分身遍塵刹 몸을 나투어

원아광도제중생 모든중생 빠짐없이
願我廣度諸衆生 건져지이다

발사홍서원 네 가지 큰 서원
發四弘誓願

중생무변서원도 가없는 중생을
衆生無邊誓願度 건지오리다

번뇌무진서원단 끝없는 번뇌를
煩惱無盡誓願斷 끊으오리다

법문무량서원학 한없는 법문을
法門無量誓願學 배우오리다

불도무상서원성 위없는 불도를
佛道無上誓願成 이루오리다

자성중생서원도 자성의 중생을
自 性 衆 生 誓 願 度 건지오리다

자성번뇌서원단 자성의 번뇌를
自 性 煩 惱 誓 願 斷 끊으오리다

자성법문서원학 자성의 법문을
自 性 法 門 誓 願 學 배우오리다

자성불도서원성 자성의 불도를
自 性 佛 道 誓 願 成 이루오리다

발원이 귀명례삼보 제가 이제 삼보님께
發 願 己 歸 命 禮 三 寶 귀명합니다

나무상주시방불 시방세계 부처님께
南 無 常 住 十 方 佛 귀명합니다

나무상주시방법 시방세계 가르침에
南 無 常 住 十 方 法 귀명합니다

나무상주시방승 시방세계 스님들께
南 無 常 住 十 方 僧 귀명합니다

※일반적으로 천수경 독송은 여기서 끝나게 된다.
그러나 염불당에서 염불을 거행할 때는 장엄염불
까지 계속 독송하는 것을 원칙으로 하고 있다.

정삼업진언 　삼업을 깨끗이 하는 진언
淨三業眞言

『옴 사바바바 수다살바 달마 사바바
바 수도함』(세 번)

개단진언 　법단을 여는 진언
開壇眞言

『옴 바아라 놔로 다가다야 삼마야
바라베 사야 훔』(세 번)

건단진언 　법단을 세우는 진언
建壇眞言

『옴 난다난다 나지나지 난다바리 사
바하』(세 번)

정법계진언 　법의 세계를 깨끗이 하는 진언
淨法界眞言

라자색선백 　　곱고고운 빛으로
羅字色鮮白 　　진언 편 것이

공점이엄지
空 點 以 嚴 之

공점으로 갖추어진
장엄 같을새

여피계명주
如 彼 髻 明 珠

맑고도 곱게 생긴
밝은 구슬이

치지어정상
置 之 於 頂 上

정상의 높은데서
광명 내시네

진언동법계
眞 言 同 法 界

진언과 법계가
둘이 아닐새

무량중죄제
無 量 衆 罪 除

한없이 지은 큰 죄
사하려거나

일체촉예처
一 切 觸 穢 處

갖가지 나쁜 곳에
부딪칠때도

당가차자문
當 加 此 字 門

마땅히 이 진언을
지송합니다.

『나무 사만다 못다남 남』(세 번)

광명진언
光明眞言

『옴 아모카 바이로차나 마하무드
라 마니 파드마 즈바라 프라바를타
야 훔』 (세 번)

　십악 오역의 중죄를 지은 사람이 두 서너 번 듣
기만 하여도 모든 죄업이 다 소멸하나니라.

　십악 오역의 모든 죄를 많이 지어 그 죄가 온 세
계에 가득 차서 죽어 지옥에 떨어졌더라도 깨끗한
모래에 이 진언을 백팔 번 외워서 그 모래를 그
사람의 시체나 무덤 위에 흩어주면 모든 죄가 다
소멸되어 곧 극락세계에 가서 나느니라.

항마진언
降魔眞言

아이금강	삼등방편	신승금강
我以金剛	三等方便	身乘金剛
반월풍륜	단상구방	남자광명
半月風輪	壇上口放	喃字光明

소여무명 燒汝無明　소적지신 所積之身　역칙천상 亦勅天上

공중지하 空中地下　소유일체 所有一切　작제장난 作諸障難

불선심자 不善心者　개래호궤 皆來胡跪　청아소설 聽我所說

가지법음 加持法音　사제포악 捨諸暴惡　패역지심 悖逆之心

어불법중 於佛法中　함기신심 咸起信心　옹호도량 擁護道場

역호시주 亦護施主　강복소재 降福消災

『옴 소마니 소마니 훔 하리한나 하
리한나 훔 하리한나 바나야 훔 아나
야 혹 바아밤 바아라 훔 바탁』(세 번)

　이 진언은 집안에 병고가 있을 때, 흉한 꿈을 꾸었
을 때 세 번만 외우면 길창할 것이며, 모든 잡귀가
일시에 소멸된다.

이산혜연선사 발원문
怡 山 慧 然 禪 師　發 願 文

시방삼세	부처님과	팔만사천	큰법보와
보살성문	스님네께	지성귀의	하옵나니
자비하신	원력으로	굽어살펴	주옵소서
저희들이	참된성품	등지옵고	무명속에
뛰어들어	나고죽는	물결따라	빛과소리
물이들고	심술궂고	욕심내어	온갖번뇌
쌓았으며	보고듣고	맛봄으로	한량없는
죄를지어	잘못된길	갈팡질팡	생사고해
헤매면서	나와남을	집착하고	그른길만
찾아다녀	여러생에	지은업장	크고작은
많은허물	삼보전에	원력빌어	일심참회
하옵나니	바라건대	부처님이	이끄시고
보살님네	살피시어	고통바다	헤어나서

열반언덕 가사이다 이세상에 명과복은
길이길이 창성하고 오는세상 불법지혜
무럭무럭 자라나서 날적마다 좋은국토
밝은스승 만나오며 바른신심 굳게세워
아이로서 출가하여 귀와눈이 총명하고
말과뜻이 진실하며 세상일에 물안들고
청정범행 닦고닦아 서리같은 엄한계율
털끝인들 범하리까 점 잖 은 거동으로
모든생명 사랑하여 이내목숨 버리어도
지성으로 보호하리 삼재팔난 만나잖고
불법인연 구족하며 반야지혜 드러나고
보살마음 견고하여 제불정법 잘배워서
대승진리 깨달은뒤 육바라밀 행을닦아
아승지겁 뛰어넘고 곳곳마다 설법으로
천겁만겁 의심끊고 마군중을 항복받고
삼 보 를 법사올제 시방제불 섬기는일

잠깐인들 　쉬오리까 　온갖법문 　다배워서
모두통달 　하옵거든 　복과지혜 　함께늘어
무량중생 　제도하며 　여섯가지 　신통얻고
무생법인 　이룬뒤에 　관음보살 　대자비로
시방법계 　다니면서 　보현보살 　행원으로
많은중생 　건지올제 　여러갈래 　몸을나퉈
미묘법문 　연설하고 　지옥아귀 　나쁜곳엔
광명놓고 　신통보여 　내모양을 　보는이나
내이름을 　듣는이는 　보리마음 　모두내어
윤회고를 　벗어나되 　화탕지옥 　끓는물은
감로수로 　변해지고 　검수도산 　날쌘칼날
연꽃으로 　화하여서 　고통받던 　저중생들
극락세계 　왕생하며 　나는새와 　기는짐승
원수맺고 　빚진이들 　갖은고통 　벗어나서
좋은복락 　누려지다 　모진질병 　돌적에는
약풀되어 　치료하고 　흉년드는 　세상에는

쌀이되어　　구제하되　　여러중생　　이익한일
한가진들　　빼오리까　　천겁만겁　　내려오던
원수거나　　친한이나　　이 세 상　　권속들도
누구누구　　할것없이　　얽히었던　　애정끊고
삼계고해　　뛰어나서　　시방세계　　중생들이
모두성불　　하사이다　　허공끝이　　있사온들
이내소원　　다하리까　　유정들도　　무정들도
일체종지　　이루어지이다.

의상조사 법성게
義湘祖師 法性偈

법성원융무이상
法性圓融無二相

법의성품 원융하여
두모양이 본래없고

제법부동본래적
諸法不動本來寂

모든법이 동함없어
본래부터 고요해라

무명무상절일체
無名無相絶一切

이름모양 모두없어
온갖것이 끊겼으니

증지소지비여경
證智所知非餘境

깨달아야 알수있고
달리알수 없는경계

진성심심극미묘
眞性甚深極微妙

참된성품 심히깊고
지 극 히 미묘하여

불수자성수연성
不守自性隨緣成

자성만을 지키잖고
인연따라 이루우니

일중일체다중일
一中一切多中一

하나중에 일체있고
일체중에 하나있어

일즉일체다즉일
一卽一切多卽一

하 나 가 곧일체요
일 체 가 곧하나라

일미진중함시방 一微塵中含十方   한 티 끌 그가운데 / 시방세계 머금었고

일체진중역여시 一切塵中亦如是   일 체 의 티끌속도 / 다시또한 그러해라

무량원겁즉일념 無量遠劫卽一念   한이없이 아 득 한 / 무량겁이 일념이요

일념즉시무량겁 一念卽是無量劫   한생각의 짧은시간 / 한이없는 겁이여라

구세십세호상즉 九世十世互相卽   구 세 도 십 세 도 / 함께서로 하나되어

잉불잡란격별성 仍不雜亂隔別成   얽혀잡난 한듯하나 / 따로따로 이루었네

초발심시변정각 初發心時便正覺   처음발심 하던때가 / 깨달음을 이룬때요

생사열반상공화 生死涅槃相共和   생사열반 두경계가 / 서로같은 바탕일세

이사명연무분별 理事冥然無分別   이와사가 아득하여 / 분별할길 없는것이

십불보현대인경 十佛普賢大人境   열분부처 보현보살 / 큰사람의 경계니라

능인해인삼매중
能 仁 海 印 三 昧 中

해인삼매 그속에다
온갖것을 갈무리고

번출여의부사의
繁 出 如 意 不 思 議

불 사 의 공덕장엄
마음대로 드러내어

우보익생만허공
雨 寶 益 生 滿 虛 空

감로비로 허공가득
일체중생 이익주네

중생수기득이익
衆 生 隨 器 得 利 益

중생들의 그릇따라
온갖이익 얻게되니

시고행자환본제
是 故 行 者 還 本 際

수행자여 돌아가세
진 리 의 고향으로

파식망상필부득
叵 息 忘 想 必 不 得

망 상 을 쉬지않곤
얻을것이 바이없네

무연선교착여의
無 緣 善 巧 捉 如 意

인연없는 방편지어
마음대로 잡아쓰니

귀가수분득자량
歸 家 隨 分 得 資 糧

고향집에 돌아가서
그릇따라 양식얻어

이다라니무진보
以 陀 羅 尼 無 盡 寶

다라니의 무진법문
끝이없는 보배로써

장엄법계실보전
莊 嚴 法 界 實 寶 殿

온법계를 장엄하여
극락보전 이루우고

궁좌실제중도상
窮坐實際中道床

다함없는 참된법의
중도상에 편히앉아

구래부동명위불
舊來不動名爲佛

영겁토록 동함없는
그이름이 부처라네

화엄경 약찬게
華嚴經 略纂偈

대방광불화엄경
大方廣佛華嚴經

용수보살약찬게
龍樹菩薩略纂偈

나무화장세계해
南無華藏世界海

비로자나진법신
毘盧遮那眞法身

현재설법노사나
現在說法盧舍那

석가모니제여래
釋迦牟尼諸如來

과거현재미래세
過去現在未來世

시방일체제대성
十方一切諸大聖

근본화엄전법륜
根本華嚴轉法輪

해인삼매세력고
海印三昧勢力故

보현보살제대중
普賢菩薩諸大衆

집금강신신중신
執金剛神身衆神

족행신중도량신
足行神衆道場神

주성신중주지신
主城神衆主地神

주산신중주림신
主山神衆主林神

주약신중주가신
主藥神衆主稼神

주하신중주해신　　　주수신중주화신
主 河 神 衆 主 海 神　　　主 水 神 衆 主 火 神

주풍신중주공신　　　주방신중주야신
主 風 神 衆 主 空 神　　　主 方 神 衆 主 夜 神

주주신중아수라　　　가루라왕긴나라
主 晝 神 衆 阿 修 羅　　　迦 樓 羅 王 緊 那 羅

마후라가야차왕　　　제대용왕구반다
摩 睺 羅 伽 夜 叉 王　　　諸 大 龍 王 鳩 槃 茶

건달바왕월천자　　　일천자중도리천
乾 達 婆 王 月 天 子　　　日 天 子 衆 忉 利 天

야마천왕도솔천　　　화락천왕타화천
夜 摩 天 王 兜 率 天　　　化 樂 天 王 他 化 天

대범천왕광음천　　　변정천왕광과천
大 梵 天 王 光 音 天　　　遍 淨 天 王 廣 果 天

대자재왕불가설　　　보현문수대보살
大 自 在 王 不 可 說　　　普 賢 文 殊 大 菩 薩

법혜공덕금강당　　　금강장급금강혜
法 慧 功 德 金 剛 幢　　　金 剛 藏 及 金 剛 慧

광염당급수미당　　　대덕성문사리자
光 焰 幢 及 須 彌 幢　　　大 德 聲 聞 舍 利 子

급여비구해각등
及 與 比 丘 海 覺 等

우바새장우바이
優 婆 塞 長 優 婆 夷

선재동자동남녀
善 財 童 子 童 男 女

기수무량불가설
其 數 無 量 不 可 說

선재동자선지식
善 財 童 子 善 知 識

문수사리최제일
文 殊 舍 利 最 第 一

덕운해운선주승
德 雲 海 雲 善 住 僧

미가해탈여해당
彌 伽 解 脫 與 海 幢

휴사비목구사선
休 舍 毘 目 瞿 沙 仙

승열바라자행녀
勝 熱 婆 羅 慈 行 女

선견자재주동자
善 見 自 在 主 童 子

구족우바명지사
具 足 優 婆 明 智 士

법보계장여보안
法 寶 髻 長 與 普 眼

무염족왕대광왕
無 厭 足 王 大 光 王

부동우바변행외
不 動 優 婆 遍 行 外

우바라화장자인
優 婆 羅 華 長 者 人

바시라선무상승
婆 施 羅 船 無 上 勝

사자빈신바수밀
獅 子 嚬 伸 婆 須 密

비실지라거사인
毘 瑟 祇 羅 居 士 人

관자재존여정취
觀 自 在 尊 與 正 趣

대천안주주지신 　　　바산바연주야신
大天安住主地神 　　　婆珊婆演主夜神

보덕정광주야신 　　　희목관찰중생신
普德淨光主夜神 　　　喜目觀察衆生神

보구중생묘덕신 　　　적정음해주야신
普救衆生妙德神 　　　寂靜音海主夜神

수호일체주야신 　　　개부수화주야신
守護一切主夜神 　　　開敷樹華主夜神

대원정진력구호 　　　묘덕원만구바녀
大願精進力救護 　　　妙德圓滿瞿婆女

마야부인천주광 　　　변우동자중예각
摩耶夫人天主光 　　　遍友童子衆藝覺

현승견고해탈장 　　　묘월장자무승군
賢勝堅固解脫長 　　　妙月長者無勝軍

최적정바라문자 　　　덕생동자유덕녀
最寂靜婆羅門者 　　　德生童子有德女

미륵보살문수등 　　　보현보살미진중
彌勒菩薩文殊等 　　　普賢菩薩微塵衆

어차법회운집래 　　　상수비로자나불
於此法會雲集來 　　　常隨毘盧遮那佛

어련화장세계해　조화장엄대법륜
於蓮華藏世界海　造化莊嚴大法輪

시방허공제세계　역부여시상설법
十方虛空諸世界　亦復如是常說法

육육육사급여삼　일십일일역부일
六六六四及與三　一十一一亦復一

세주묘엄여래상　보현삼매세계성
世主妙嚴如來相　普賢三昧世界成

화장세계노사나　여래명호사성제
華藏世界盧舍那　如來名號四聖諦

광명각품문명품　정행현수수미정
光明覺品問明品　淨行賢首須彌頂

수미정상게찬품　보살십주범행품
須彌頂上偈讚品　菩薩十住梵行品

발심공덕명법품　불승야마천궁품
發心功德明法品　佛昇夜摩天宮品

야마천궁게찬품　십행품여무진장
夜摩天宮偈讚品　十行品與無盡藏

불승도솔천궁품　도솔천궁게찬품
佛昇兜率天宮品　兜率天宮偈讚品

십회향급십지품
十 回 向 及 十 地 品

아승지품여수량
阿 僧 祇 品 與 壽 量

여래십신상해품
如 來 十 身 相 海 品

보현행급여래출
普 賢 行 及 如 來 出

시위십만게송경
是 爲 十 萬 偈 頌 經

풍송차경신수지
諷 誦 此 經 信 受 持

안좌여시국토해
安 坐 如 是 國 土 海

십정십통십인품
十 定 十 通 十 忍 品

보살주처불부사
菩 薩 住 處 佛 不 思

여래수호공덕품
如 來 隨 好 功 德 品

이세간품입법계
離 世 間 品 入 法 界

삼십구품원만교
三 十 九 品 圓 滿 敎

초발심시변정각
初 發 心 時 便 正 覺

시명비로자나불
是 名 毘 盧 遮 那 佛

제3장

불교상식편

부처님 일대약기 / 소승불교와 대승불교 /
여러 부처님과 보살 / 수인(手印)의 세계 /
우리나라 불교의 역사 / 불교상식문답

부처님 일대약기

1. 탄생 : 4월 8일, 『성탄일』

석가모니부처님은 기원전 623년 북인도 카필라국의 숫도다나왕(정반왕, Suddhodana)과 모후 마야부인(摩耶夫人) 사이의 태자(太子)로 룸비니동산 무우수(無憂樹) 아래에서 4월 8일 탄생하셨다.

종족은 샤키야(Sākya, 釋迦), 성은 '고타마(Gautama, 瞿曇)', 이름은 '일체가 다 이루어지라'는 뜻의 '싯다르타(Siddhārtha, 悉達多)'이다.

태자는 탄생하면서 사방으로 각각 일곱 걸음을 걷고 나서 한 손가락으로는 하늘을 가리키고 다른 한 손으로는 땅을 가리키면서, "하늘 위 하늘 아래, 불성을 가진 모든 생명체가 존귀하다. 모든 세상이 다 고통 속에 잠겨 있으니 내 마땅히 이를 편안케 하리라! [天上天下唯我獨尊. 三界皆苦我當安之]"라고 외쳤다.

불교에서는 4월 8일을 부처님의 성탄일로 하여 기념하고 있다.

2. 유년기의 성장

태자가 태어난 지 이레 만에 마야부인이 돌아가시고 이모인 마하파자파티가 태자를 길렀다.

왕자가 태어났을 때 아시타(Asita)라는 선인은 정반왕의 처소로 찾아가서 아기를 보게 되었다. 주문과 점에 정통한 아시타는 어린아이를 자세히 들여다보고는 눈물을 흘리며 슬퍼했다. 이상하게 여긴 정반왕은 그 연유를 묻자 아시타선인이 대답했다.

"만일 태자께서 왕위를 계승하면 세계를 통일하는 전륜성왕(轉輪聖王)이 될 것이며, 출가한다면 반드시 붓다(buddha)가 될 것입니다. 소인이 이렇게 슬퍼하는 이유는 제가 너무 늙어서 왕자님의 미래 모습을 보지 못하고 세상을 떠나야 하기 때문입니다."

학문과 무예가 누구보다도 출중했던 태자는 제왕으로서 면모를 충분히 갖추게 되었다. 7세 때 이미 64종의 문학과 28종의 무술을 섭렵했고, 그의 스승은 그의 영특함에 탄복했다.

태자의 나이 12세 때 처음으로 번민의 계기가 찾아왔다. 부왕을 따라 농경제(農耕祭)에 참석하여 농부들이 밭갈이하는 광경을 보고 있다가, 새가 날아와

서 가래 끝에 갈려 나온 벌레를 쪼아먹는 것을 목격
했다. 곧이어 또 다른 큰 새가 벌레를 문 새를 잡아
채어 날아갔다. 이 광경을 본 태자는 약육강식(弱肉
強食)의 처참함을 생각하여 충격에 빠졌다. 태자는
더는 농경제를 구경할 수 없어서 멀지 않은 염부수
나무 아래에 앉아 고요히 명상에 잠겼다.

　태자가 보이지 않자 왕은 대신들에게 태자를 찾도
록 하였다. 대신들은 염부나무 그늘에서 선정에 잠
겨 있는 태자를 발견했다. 왕이 그곳으로 나아가 가
부좌를 맺고 있는 태자를 보니, 태자의 얼굴은 마치
어두운 밤 산마루에 큰 불덩이가 타오르는 것처럼
환하게 빛났다. 이것을 '염부수(閻浮樹) 아래의 정관
(靜觀)'이라고 한다. 그 후 태자는 언제나 깊은 사색
과 명상에 잠기곤 했다. 태자의 모습에서 변화를 느
낀 왕은 아시타선인의 예언을 생각하여 행여나 태자
가 출가라도 할 것을 염려하였다.

3. 결혼 : 19세 때

　태자가 19세 때 이웃나라 천비성(天臂城) 선각왕
(善覺王)의 딸 야소다라를 비(妃)로 맞이하여 결혼하
였다. 야소다라는 주변 여덟 나라의 왕이 각각 그 아

들을 위하여 청혼하고 있을 정도로 소문난 미모와 덕을 가진 여인이었다.

19세에 태자와 결혼했던 야소다라는 그 후 얼마 뒤에 아들을 낳았다. 태자는 자기 아들이 태어났다는 소식을 전해 듣고 "라훌라!"라고 탄식했다. 라훌라는 장애(障碍)·계박(繫縛)이라는 뜻이다. 이 말을 전해들은 왕은 손자의 이름을 '라훌라'라고 지었다.

4. 출가 : 29세 때, 2월 8일 『출가재일』

태자는 성 바깥을 구경 나갔다가 동쪽 문에서 죽음을 목전에 두고 있는 나이 많은 노인을 보았고, 서쪽 문에서 병으로 앓고 있는 사람을 보았으며, 남쪽 문에서 병에 걸려 죽은 귀여운 어린이의 장례식을 보았다. 그리고 북쪽 문 밖에서 조용하게 선정에 든 사문(沙門)들을 보고 돌아왔다. 태자는 그 사문들처럼 수행한다면 생로병사의 모든 고통에서 벗어날 수 있다는 확신을 얻었다.

태자는 29세가 되던 해 모든 사람이 잠든 깊은 밤, 시종 찬타카와 함께 말을 타고 성문을 넘어 출가의 길을 떠났다. 이날이 음력 2월 8일. 석가모니부처님의 출가재일이다.

성에서 멀리 벗어난 태자는 찬타카에게 옷을 벗어
주며 작별하였다. 그리고는 차고 있던 칼로 머리칼
을 잘라내고 바리때를 손에 들고 걸식하면서 남쪽으
로 내려갔다.

5. 고행수도

출가한 태자는 가르침을 받을 스승을 찾았다. 바이
샬리로 향하던 중에 '박가바'라는 선인(仙人)의 이야
기를 듣고 그가 고행하고 있다는 숲을 찾아갔다. 그
러나 박가바 선인의 제자들을 보고 선뜻 느낀 것은
실망이었다. 그들은 남이 흉내 낼 수 없는 어려운 고
행을 하고 있었다. 고행주의자들은 그들의 목적이
하늘나라와 같은 청정한 곳에 태어나기 위한 것이라
고 설명하였다. 태자는 고행의 결과로 하늘나라에
태어나더라도 그 복이 다하면 다시 윤회하므로 고행
은 바람직한 수행이 아니라고 생각했다.

그 다음으로 '알라라깔라마'와 '웃타카라마풋다'라
는 선정을 닦는 유명한 두 스승을 찾아가 배움을 구
했다. 그들의 선정은 상당히 깊은 수준의 집중과 몰
입에 이르게 할 수 있었다. 그러나 선정의 명상에서
깨어나면 인생의 고(苦)에 대한 원인과 해결방안을

찾을 수가 없었다. 두 스승은 모두 태자가 함께 머물며 수행하기를 바랐지만 태자는 스스로 깨달아야겠다는 각오로 깊은 설산에 들어갔다.

그로부터 육 년 동안 거지 같은 누더기를 입고 극한 고행(苦行)의 방법으로 수행하였다. 석존 스스로 "과거·현재·미래의 어떤 고행자도 이런 고행을 했거나, 하고 있거나, 할 자가 없을 것이다."라고 회상할 정도로 세상에 다시없는 지극한 고행이었다.

이렇게 6년을 보낸 태자는 고행이 진리를 얻는 데 아무런 도움이 되지 않는다는 것을 깨달았다. 그리하여 태자는 극단적인 고행과 지나친 삼매를 수행으로 삼는 당시 인도의 수행법을 극복하는 중도적(中道的)인 방법으로 정진할 것을 다짐하게 되었다.

6. 성도 : 35세 때, 12월 8일 『성도재일』

태자는 지친 몸을 회복하기 위해 니련선하 강가에서 목욕을 한 후 '수자타'라는 성주의 딸에게 유미죽 공양을 받았다. 그 모습을 본 교진여 등 다섯의 수행자들은 싯다르타가 고행을 포기하고 타락했다고 생각하고 떠났다.

태자는 그들을 개의치 않고 홀로 붓다가야에 있는

차리니카 숲속의 큰 보리수(菩提樹) 아래에서 길상초(吉祥草)를 깔고 앉았다. 그리고는 자신이 수행했던 과정을 되짚어 보다가 이런 생각을 하였다.

'지난 날, 출가하기 전에 카필라성을 나와서 농부들이 고통스럽게 밭가는 것을 보았다. 그때 염부수(閻浮樹) 그늘 밑에 앉아 있으면서 모든 욕망으로 물든 마음을 버리고 일체의 고통을 주는 법을 극복하는 마음을 일으킴으로써 적정한 상태를 얻어 초선(初禪)을 증득했었다. 나는 이제 다시 그 선정을 생각하리라. 그 길이 바로 보리를 향하는 길이다.'

그러자 애욕의 신(神)인 마왕 파순이 온갖 악마와 군대를 동원하여 위협하고, 딸들을 이용하여 유혹했다. 그러나 한 치의 동요 없이 모든 번뇌(煩惱)의 불꽃을 소멸시키고 마왕을 굴복시켰다. 칠일째 되던 날 새벽 동쪽하늘에 반짝이는 별을 보는 순간 무상정등각(無上正等覺)을 완성하고 출가한 지 육 년 만에 마침내 성불하였다. 그때 나이가 35세 되던 해 12월 8일 아침이었다. 이 날을 성도일(成道日), 즉 진리를 깨친 날이라 한다. 이날부터 사람들은 '진리광명을 깨친 석가족의 성자'라는 뜻으로 싯다르타 태자를 '석가모니부처님'이라 부르게 되었다.

7. 전법교화 : 성도 직후부터

큰 깨달음을 얻은 석가모니부처님은 차리니카숲에서 가부좌를 맺고 앉아 3·7일간을 형언할 수 없는 법열에 잠겼다. 그리고 깨달음의 만족감과 기쁨이 모든 중생들의 것으로 전파되어야 한다고 생각했다.

부처님은 지난날 함께 수행하던 교진여 등의 다섯 사람의 수행자를 떠올렸다. 부처님은 천안(天眼)으로 다섯 수행자들이 바라나시 녹야원에서 수행하고 있는 것을 보았다. 붓다가야(Buddha-gaya)에서 녹야원이 있는 바라나시까지는 280km나 되는 먼 길이었지만 부처님은 그 길을 혼자서 걸어가셨다.

부처님은 그들에게 지나친 안락과 극단적 고행의 삶, 이 양극단을 극복하는 중도(中道)의 가르침을 설했다. 또한 중도의 여덟 가지 실천 방법인 팔정도를 설하였고, 이어서 고집멸도(苦集滅道)의 네 가지 거룩한 진리[四聖諦]를 설하시고 제도하셨는데, 이를 초전법륜(初轉法輪)이라고 한다. 이 초전법륜이 있음으로부터 불교에서는 불(佛, 진리를 깨달은 스승), 법(法, 가르침), 승(僧, 가르침을 따르는 출가제자)의 삼보(三寶)가 성립되어 불교의 교단이 세워졌다.

부처님이 성도하신 직후에는 대승경전인 〈화엄경

(華嚴經)〉을 설하셨으나 일반 대중이 알아듣지 못했기 때문에 삼현(三賢)·십성(十聖) 이상인 보살만 상대하여 설하셨다.

그리고 녹야원에서 다섯 비구들에게 〈아함경(阿含經)〉을 12년간 설하셨다. 성문(聲聞)의 사성제법(四聖諦法)과 연각(緣覺)의 십이인연법(十二因緣法) 등은 모두 〈아함경〉에서 설하신 이 시기의 설법이다.

그리고 난 다음에 〈유마경〉을 비롯하여 〈능가경〉, 〈승만경〉, 〈무량수경〉 등 대승경전인 〈방등경(方等經)〉을 8년간 설하셨다. 이 시기에 부처님은 여러 대승경전을 설하시면서 제자들에게 소승을 부끄러워하고 대승으로 나아가고 싶다는 생각을 들게 하셨다.

그 다음으로 여러 가지 〈반야경(般若經)〉을 21년간 설하셨는데, 이 시기에 부처님께서는 제자들에게 공(空)의 이치를 깨닫게 하셨다. 이른바 대승의 공법(空法)을 설하시어 '법(法)'이라는 집착, '나(我)'라는 집착을 벗어나게 하셨다.

〈반야경〉을 설하신 후에 마지막 8년 동안은 영취산에서 〈법화경(法華經)〉을 설하시고, 그 후 열반에 드시기 직전 최후의 하룻낮 하룻밤 동안 〈열반경(涅槃經)〉을 설하셨다. 부처님은 〈법화경〉을 설하시면서 소승의 무리도 대승의 무리와 함께 같은 진리를 증득할 수 있다는 것을 분명히 하셨고, 〈열반경〉을 설하면서 '모든 중생에게 불성이 있다[一切衆生悉有佛性].'라는 불성(佛性)의 이치를 분명히 하셨다.

8. 입멸 : 80세 때, 2월 15일 『열반일』

제자들과 함께 45년 동안 중생들을 교화하는 동안 시간은 흘러 어느덧 석가모니부처님께서는 팔십 세에 이르셨다. 시자 아난다에게 자신의 열반을 예견하고는 고향인 카필라성으로 향하는 사바세계의 마지막 여정에 올랐다.

부처님은 쿠시나가라를 향해 길을 가던 중에 대장장이의 아들 춘다에게 전단나무 버섯으로 만든 음식을 공양 받으셨다. 부처님은 춘다의 공양으로 심한 복통을 앓으셨지만, 그 공양은 수자타의 유미죽 공양과 다를 바 없는 귀한 것이라고 말씀하셨다.

그리고는 쿠시나가라성에서 멀지 않는 숲의 두 그루 사라나무 아래에 이르러 마지막 밤을 보냈다. 부처님은 열반에 들기 직전 제자들에게 불법승(佛法僧)에 대한 의문이 있으면 물으라고 세 번이나 재촉하셨다. 그러나 제자들은 부처님이 떠나신다는 큰 슬픔 앞에서 아무도 입을 열지 못했다. 부처님은 곧 열반에 들 것을 예감하고 마지막 법을 설했다.

"나는 곧 세상을 떠난다. 언제까지나 나에게 의지하여서는 안 된다. 각자 자기 자신을 의지하고 내가 가르친 진리에 의지하라. 그리고 자기를 등불로 삼고[自燈明] 진리를 등불로 삼아라[法燈明]. 진리를 깨친 사람은 죽어도 죽는 것이 아니요, 진리 속에 영원히 사는 것이다. 내가 열반한 뒤에는 내가 설한 법(法)과 계율(戒律)이 너희의 스승이 될 것이다. 제자들이여, 나의 열반이 다가온다. 곧 이별하겠지만 슬퍼하지 말라. 생명은 끊임없이 변화한다. 육신의 죽음을 피할 수 있는 자는 아무도 없다. 부질없이 슬퍼하지 말고 세상에 영원한 것이 아무것도 없음을 알라. 모든 것은 쉴새 없이 변해가니 부디 마음속의 분별과 망상을 버리고 부지런히 정진하라."

마지막 설법을 마친 석가모니부처님은 조용히 열반에 드셨다. 이날이 음력 2월 15일, 열반일이다.

쿠시나가라 사람들은 부처님이 열반에 드신 것을 슬퍼하며, 아난다존자의 지시에 따라 유해를 화장하였다. 이때 마가다국의 왕 아자타샷투를 비롯한 여덟 나라 왕은 모두 부처님의 유골을 나누어 받기를 바랐으나, 쿠시나가라 사람들이 이를 거부하여 싸움이 일어났다. 그러나 현자(賢者) 드로나의 중재로 유골은 여덟 나라가 나누어 가지고, 유해 단자와 화장한 재는 다른 두 나라가 나누어 가져서 각각 탑을 세워 봉안했다.

우리나라도 643년 신라의 자장율사가 당나라에서 귀국할 때 부처님의 가사(袈裟)와 영골(靈骨)과 사리(舍利)를 모시고 와서 봉안하였다. 부처님의 진신사리를 모신 법당을 적멸보궁(寂滅寶宮)이라고 하는데, 경남 양산 통도사(通度寺), 강원도 오대산 상원사(上院寺), 설악산 봉정암(鳳頂庵), 태백산 정암사(淨巖寺), 사자산 법흥사(法興寺)는 우리나라의 5대 적멸보궁이다. 이 중에서 양산 통도사를 불보(佛寶) 사찰이라고 한다.

부처님의 법신(法身)은 곧 교법(敎法)이다. 우리나라에는 가야산(伽倻山) 해인사(海印寺)에 소장된 〈팔만대장경(八萬大藏經)〉이 곧 부처님의 법신이다. 그래서 팔만대장경을 모시고 있는 합천 해인사를 법보(法寶) 사찰이라고 한다.

소승불교와 대승불교

소승(小乘)은 범어로 히나야나(hīnayāna)이다. 히나(hīna)의 어원은 '버려졌다'는 의미이고, 야나(yāna)는 '탈 것'이라는 의미이다.

즉 히나야나(hīnayāna)는 많은 것이 버려져 작은 것만 태운다는 의미로서 많은 이들을 제도하지 않고 자신의 깨달음만을 목적으로 하는 불교라는 뜻이다.

이는 대승불교에서 출가자 중심으로 수행에 전념하는 기존의 관행을 비판하면서 생긴 말이지 원래 있었던 말은 아니다.

대승(大乘)은 범어로 마하야나(māhayāna)이다.

마하(māha)는 '크다'라는 의미이고 야나(yāna)는 '탈 것'이라는 의미로서 대승불교란 자신의 깨달음만을 목적으로 하지 않고 많은 중생을 제도하는 데 목적을 둔 불교라는 뜻이다.

불교의 역사를 구분하는 기준은 초기불교, 부파불교, 대승불교 운동의 시기로 나누는 것이 가장 보편적이다.

1. 초기불교 시대

초기불교는 석가모니부처님께서 성도하신 때로부터 부처님 입멸 후 100년경 불교 교단이 상좌부와 대중부로 근본분열이 있기까지의 불교를 말하며 원시불교라고도 한다.

부처님 이전에도 여러 외도의 사상가들은 고(苦)에서 해탈하는 방법에 관하여 나름의 체계적인 견해를 가지고 있었다. 바라문교의 경우 '창조주 신' 또는 '브라만'과 '아트만'이라는 '스스로 존재하고' '영원히 존재하는' 실체로부터 고에서의 해탈을 설명하였다. 이들은 고(苦)의 원인에 대해서 신(神=실체)이 내린 형벌로 보았기 때문에 신에게서 구원을 빌기 위한 제사를 지낸다거나 신과 일체가 되기 위해 주문을 외우는 방식으로 고(苦)에서 해탈하고자 했다.

이에 비해 혁신적 사문들은 궁극적 요소(要素=실체)들의 우연적 결합에 의거한 작용이라거나, 이 요소들의 필연적 법칙에 의해 고(苦)가 발생한다고 파악했다.

그래서 이들은 육체라는 물질적 요소들(要素=실체)에 결박된 영혼(靈魂=실체)을 구원하기 위해서 극단적인 고행(苦行)을 통해 육체와 영혼을 분리하려고 하거나,

고(苦)는 실체적 요소들의 필연적이며 숙명적인 작용이고 인간의 힘으로 어쩔 수 없는 것이므로 아예 극단적인 쾌락을 추구하는 것으로 해탈을 추구했다.

하지만 부처님은 우주를 신(神)과 같은 절대적 존재의 자기전개라고 주장하는 관념론적 전변설(轉變說)은 물론, 원자적 요소가 모여서 일체가 이루어졌다는 적취설(積聚說)의 조야한 유물론을 배격하였다. 당대의 여러 외도사상들과 대별되는 새로운 인식의 지평은 '연기(緣起)를 보는 것이 법(法)을 보는 것'이라는 부처님의 정의에서 명시되어 있다.

소위 '이것이 있으면 저것이 있다[此有故彼有]. 이것이 일어나면 저것이 일어난다[此起故彼起]. 이것이 없으면 저것이 없다[此無故彼無]. 이것이 멸하면 저것이 멸한다[此滅故彼滅].'라고 하는 연기법(緣起法)의 이 간략한 원리에 불교의 모든 교리가 태동하였다.

연기법의 원리에서 보면 고(苦)의 고유성이나 영원성은 인정될 수 없다. 고는 스스로 존재하는 것도 아니고 우연히 존재하는 것도 아니다. 역시 신(神)과 같은 어떤 존재가 인간을 벌주기 위해서 만든 것도 아니다. 그것은 어떤 원인과 조건에 의해서 생긴 것이다. 따라서

고를 발생시키는 원인과 조건을 제거해 버리면 고(苦)도 사라지게 될 것은 당연한 일이다.

부처님이 깨달은 바의 연기법에 의하면 고(苦)는 과거로부터 현재로 이어지는 '행위의 인연(因緣)'에 의해 나타나서 변화되고 있는 일시적인 것일 뿐이었다.

부처님은 먼저 고(苦)를 발생시키는 원인을 규명한 뒤에 그 원인을 제거함으로써 고(苦)에서 벗어날 수 있었는데, 그것이 바로 해탈(解脫), 열반(涅槃)이었다. 부처님은 누구나 연기법적 성찰과 혜안을 갖추면 고(苦)의 원인을 찾아내고 제거할 수 있다고 보았다.

하지만 사람들 지혜의 수준이나 성향, 처해있는 상황이 모두 달랐으므로 그것에 맞추기 위해 다양한 가르침이 필요했다. 이것이 불교에서 많은 교리가 생겨나게 된 이유이다. 무아(無我), 무상(無常)에 관한 이론이 그것이고, 사성제(四聖諦), 십이연기(十二緣起), 공(空) 또한 마찬가지이다.

이러한 부처님의 가르침은 당시 인도 사회의 모순적인 계급제도와 미신을 극복하는 위대한 종교로서 자리잡혔다. 평생 법을 전하신 부처님은 쿠시나가라 근처의 어느 마을에서 열반에 이르렀다.

〈대반열반경(大般涅槃經)〉에 의하면 석가모니부처님이 입멸하실 당시 제자 아난다에게 다음과 같이 설했다고 전한다.

"너희들 가운데 누군가 '스승의 가르침이 끝났다. 우리에게는 더 이상 스승이 안 계신다.'고 생각할지 모른다. 그러나 아난다여, 너희는 그렇게 생각해서는 안 된다. 내가 너희에게 가르쳐 주고 제정한 법(法)과 율(律)을 나의 사후에 너희들의 스승으로 삼아라. 이 세상의 모든 것은 변해 간다. 게으르지 말고 정진하라. 이것이 나의 마지막 설법이다."

부처님의 마지막 설법은 불교가 누구의 지도력에 의해 이끌어지는 것이 아니라 오로지 법을 중심으로 지속되어야 한다는 것을 의미한다. 그러나 부처님의 이 설법은 불교교단 내부에 심각한 논란의 여지를 남겼다. 부처님의 입멸 후, 100여 년이 지나자 계율에 대하여 서로 다른 해석이 생겨나게 된 것이다.

결국 불교교단은 율(律)의 해석을 둘러싸고 장로들을 중심으로 하는 보수파와 대중 수행자들을 중심으로 하는 진보파로 나뉘어졌다.

이것이 불교의 근본분열이며 보수파를 상좌부, 진

보파를 대중부라 불렀다. 이후 기원전 1세기까지 두 파는 자체 내의 분열을 거듭하여 18부 또는 20부로 전개되어 부파불교(部派佛敎)의 시대가 열린다.

2. 부파(部派)불교 시대

부파불교는 대중부와 상좌부로 나뉜 때로부터 대승 불교 흥기 이전까지를 말한다.

부파불교 시대의 특징은 출가주의라는 점이다. 당 시의 스님들은 재가(在家)와 출가(出家)의 구별을 엄 격히 하여 출가를 전제로 수행하였고 불교의 최고 이 상이 개인적인 열반과 해탈을 이루는 아라한(阿羅漢, arhan, 다시 태어나고자 하는 집착을 버린 성자)이 되는 것이었다. 따라서 부파불교 시대에는 은둔적인 사원 불교의 성격이 강했고, 타인의 구제보다는 먼저 자기 의 수행의 완성을 목표로 하는 불교였기 때문에 이후 대승교도로부터 소승(小乘)이라고 불리게 되었으며 점차 배격되기 시작했다.

부파불교 시대의 각 부파는 부처님께서 가르치신 법 에 대한 전문적인 연구에 착수하였는데, 이것을 아비 달마(阿毘達磨, abhi-dharma) 교학이라 한다. '아비 (abhi)'는 뛰어나다, 수승하다는 뜻과 '대신(對)'이라는 뜻을 동시에 가지고 있고 '달마(dharma)'는 '법(法)'이란 뜻을 가지므로, 아비달마라 함은 수승한 법, 혹은 부처님의 법을 대신해서 논(論)을 설했다는 뜻이다.

당시의 교단은 온통 석가모니부처님의 가르침에 충실하기 위한 교리의 해석이었으며, 그것이 바로 '논(論)'이다. 이렇게 전개된 불교는 자연히 출가자와 승원(僧院)을 중심으로 하는 학문불교의 성격을 띠어갔고, 각 부파에 의해 논이 성립되어 비로소 종래의 경(經)·율(律)에 논(論)을 더하여 삼장(三藏)의 문헌을 갖추게 되었다. 삼장의 완성은 부파불교 시대의 가장 큰 업적이라 할 수 있다.

3. 대승(大乘)불교 운동

대승불교는 기원후 1세기를 전후로 전통적 불교 교단에 대한 종교적 각성으로 점화된 새로운 불교운동의 시기를 말한다.

부파불교의 궁극적인 수행목적이 열반을 증득한 아라한이었으므로 전문적으로 교학을 연구하여 철저히 수행하는 출가한 스님이 아니고는 불교를 제대로 수행하기가 어렵게 되어 불교가 대중으로부터 점차 소외되기 시작했다.

부파불교가 이렇게 대중으로부터 소외되고 있을 때 교계의 한 편에서 석존께서 생각하셨던 불교의 진정한 정신을 되찾으려는 사상운동, 즉 대승불교 운동이 일어났다. 열반을 불교의 궁극적 목적으로 인정하고 있는 소승의 열반관(涅槃觀)에 대한 반성이 일기 시작했던 것이다. 이 때부터 위로는 깨달음을 구하면서 아래로는 중생을 제도하는[上求菩提 下化衆生] 자리이타(自利利他)적인 이상적 인간상을 부각시켰는데 그것이 곧 '보살(菩薩)'이다.

원래 보살은 석가모니부처님의 정각(正覺)을 이루기 전을 지칭하던 개념이었는데, 대승불교 운동으로 인해 누구나 보살이 되어 수행을 하면 깨달음을 이루어 부처가 될 수 있다는 사상이 등장한 것이다.

보살사상이 등장함으로 인해 다불사상(多佛思想)이 성립되었다. 즉, 누구나 부처가 될 수 있으므로 석가모니부처님 이전과 이후에도 많은 보살과 부처가 존재한다는 사상이 태동한 것이다.

대승불교 운동은 문자의 시대에 접어들어 그에 상응하는 경전의 출현과 함께 하였다.

〈반야심경〉·〈금강경〉·〈화엄경〉·〈법화경〉등이

여기에 속하는데, 이들 경전이 설하는 가르침은 모두 진공묘유(眞空妙有, 공은 모든 것의 존재 양상)사상이다.

　석가모니부처님의 초기설법이 법(法)을 강조하여 제반의 관념과 미신을 타파하였고, 부파불교 시대에는 부처님의 법을 논리적으로 정교하게 발전시켰다면, 대승불교 운동은 지나치게 견고하고 학문적인 편향으로 치우치던 부파불교의 법(法)을 공(空)사상으로 풍부하게 발전시켜 석가모니부처님의 본래 정신으로 돌아갔다는 의미를 가진다. 대승불교 운동으로 신앙심이 널리 높아짐에 따라 재가 신도들은 불탑(佛塔)을 중심으로 부처님께 귀의하고자 했는데, 경전을 탑 안에 안치하거나 수지·독송·사경하는 의식이 많은 공덕을 지닌 것으로 권장되었다.

부처님과 보살

대승불교 운동으로 보살사상(菩薩思想)과 다불사상(多佛思想)이 등장함으로 인해 석가모니부처님 이외에 많은 불보살님들이 경배대상이 되었다.

이러한 여러 불보살님들은 독립된 영역과 권한을 가진 존재들이 아니라 불교의 세계관을 유기적으로 구성하는 존재들이다. 불보살님이 이렇듯 다양한 이유는 중생들의 근기에 맞게 방편을 써서 제도해야 한다는 대승불교 운동의 정신에서 비롯된 것이다.

1. 석가모니부처님 (釋迦牟尼佛)

석가모니는 범어로 사캬무니(śākyamuni)이며, '석가족의 성자'라는 뜻이다. 세상의 많은 사람들이 높게 받들어 모시는 분이라는 뜻에서 '세존'이라 하고, 다른 말로 '석존'이라고도 한다.

불교의 교주(教主)이자 대웅전의 주존불이며, 보리수 아래에서 마왕의 유혹을 물리치고 항복을 받은 것을 상징하는 수하항마촉지인(樹下降魔觸地印)의 형상이 석가모니부처님의 특징이다. 이 자세는 왼손 손바닥을 위로하여 단전 부근에 대고 오른손을 무릎에 얹어 마왕을 누르듯 아래로 누르는 모습이다. 석가모니부처님의 협시보살(脇侍菩薩)은 지혜의 화신인 문수보살과 실천의 화신인 보현보살이다.

2. 비로자나부처님 (毘盧遮那佛)

비로자나는 범어로 바이로차나(vairocana)이며, 모든 곳에 계시어 광명으로 두루 비춘다는 뜻이다. 그래서 비로자나불을 봉안한 불전을 대광명전 혹은 대적광전 등으로 부른다.

비로자나부처님은 연화장세계(蓮華藏世界, 연꽃 속의 맑고 깨끗한 세계)의 주불이며 진리를 표현하는 법신불(法身佛)이다. 수인은 대부분 지권인(智拳印)인데, 말 그대로 오른손으로 왼손의 집게손가락을 감싸고 있는 모습이다. 협시보살은 석가모니부처님과 같이 문수보살과 보현보살이지만, 불전의 규모가 클 경우에는 좌우에 노사나불과 석가모니불이 협시하는 이른바 삼신불을 모시는 경우도 있다.

3. 아미타부처님 (阿彌陀佛)

아미타는 범어로 아미타유스(amitāyus, 무한한 광명)와 아미타바(amitabha, 무량한 수명)이며, 한문으로는 무량광불(無量光), 무량수불(無量壽)이라 번역한다. 원래 임금의 신분이었으나 세자재왕여래(世自在王如來)께 출가하여 이름을 법장비구(法藏比丘)라 하였다. 수행을 하면서 마흔여덟가지의 큰 서원을 세워 오랫 동안 보살행을 닦아 성불하여 서방정토에 극락세계를 건설하였다. 서원에 의해 성불한 부처님이라 하여 약사여래불·노사나불과 함께 보신불이라 한다. 주로 통견(通肩, 가사로 양어깨를 덮은 모습)의 모습을 하고 있고, 수인은 9품(九品)의 미타정인(彌陀定印)을 취하고 있는데, 우리나라에서는 오른손은 가슴 앞까지 들어 손바닥을 밖으로 하고 왼손은 무릎 근처에 놓은 형상의 하품(下品) 자세를 취하고 있다.

아미타부처님을 봉안하고 있는 법당은 극락전(極樂殿), 미타전(彌陀殿), 무량수전(無量壽殿), 무량광전(無量光殿) 등으로 불린다. 아미타불을 협시하는 보살은 자비의 화신인 관세음보살과 극락세계의 지혜문을 맡고 있는 지혜의 화신 대세지보살이다.

4. 약사여래부처님 (藥師如來佛)

약사여래는 범어로 바아사쟈구루(bhaisajyaguru)이며 한문으로는 대의왕불(大醫王佛), 의왕선서(醫王善逝)라고도 한다. 동방정유리광세계의 교주이며, 약왕보살(藥王菩薩)로서 수행하고 있을 때 중생의 병을 치료하고 수명을 연장하며 뜻밖의 불행한 재화를 소멸하여 의복·음식 등을 만족하게 하는 등의 12대원을 세워 성취한 부처님이다.

불교가 대중화되면서 질병의 괴로움을 퇴치하는 의사 격인 부처님이 요구되었는데, 여기에 부합하여 출현한 부처님이 바로 약사여래부처님이다. 손에 지물을 가진 약기인(藥器印)을 짓고 있는 모양이 특징적이다. 왼손은 약병을 들고 오른손은 손바닥이 보이도록 하여 남에게 물건을 베풀어주는 시무외인(施無畏印)을 하고 있는 경우가 많다. 협시보살은 일광보살과 월광보살이며, 약사 십이지신상을 거느리고 있다.

5. 미륵부처님 (彌勒佛)

미륵은 범어로 마이트레야(maitreya)로 자씨(慈氏)라고 의역되며 우정이라는 뜻을 담고 있다. 미륵은 메시아(messiah)의 어원이기도 하며 미래의 부처님이다. 석가모니부처님보다 먼저 입멸하여 지금은 도솔천에 올라가 보살로 있으면서 그곳의 천인(天人)들을 교화하고 있다. 석가모니부처님이 열반에 든 뒤 구제되지 못한 중생들을 제도하기 위해 이 사바세계에 출현하여 화림원(華林園)의 용화수(龍華樹) 아래에서 성도하여 3회의 설법으로 3백억의 중생을 제도한다. 용화수 아래에서 성불하기 이전까지를 미륵보살이라 하고 성불한 뒤를 미륵불이라 부른다.

미륵부처님을 모신 법당을 미륵전이라 한다. 수인은 주로 오른손을 어깨까지 올려 손바닥을 바깥쪽으로 향한 시무외인(施無畏印)을 하고 계시는데, 이는 덕을 베풀어 중생의 두려움을 제거하게 한다는 의미이다. 경우에 따라 손바닥을 밖으로 하여 내린 모습인 여원인(與願印)을 하고 있는 경우도 있다. 여원인은 중생이 원하는 바를 이루게 한다는 수인이다.

6. 문수보살 (文殊菩薩)

문수는 범어로 만주스리(manjusri)이며 한문으로는 문수사리(文殊舍利)로 음역하며 줄여서 문수라고 한다. 문수는 '묘(妙)하다'는 뜻이고 사리는 '길상(吉祥)'이라는 뜻으로 묘길상(妙吉祥)이라 번역한다. 즉 지혜가 뛰어난 공덕을 지닌 보살을 의미한다. 문수보살의 이름을 들으면 살생·도둑질·음행·망어로 지은 사중죄(四重罪)가 일시에 소멸한다고 하며 〈화엄경〉에서는 선재동자의 스승으로 화현(化現)하였다.

문수보살은 지혜를 상징하는 보살로서 바른손에는 지혜의 칼을 들고 왼손에는 청련화(靑蓮華)를 들었으며 사자를 탄 모습을 하고 있다. 이러한 문수보살의 모습은 중생의 무명번뇌(無明煩惱)를 지혜의 칼로 끊고 용맹스럽게 정법을 실천하는 위신력을 뜻한다.

문수보살은 석가모니불을 왼쪽에서 협시하면서, 오른쪽의 보현보살이 실천행원을 맡은 데 대하여 지혜를 맡고 있다. 또한 비로자나불의 협시보살로서 보현보살과 더불어 삼존불의 일원이 되고 있다. 머리에 오계(五髻, 다섯 개의 상투)를 맺고 있는 것은 비로자나불의 오지(五智, 다섯 가지의 지혜)를 표현한 것이다.

7. 보현보살 (普賢菩薩)

보현은 범어로 사만타바드라(samantabhadra)이며 삼만다발날라(三曼多跋捺羅)라고 음역하고, 보현(普賢)이라 번역한다. 보현이라 함은 행원의 위신력이 법계에 주변하여 부처님과 다름없음을 뜻한다.

보현보살은 실천을 상징하는 보살로서 문수보살과 함께 모든 보살의 으뜸이다. 보현보살의 형상은 여러 가지 모습이 있으나 주로 연꽃을 쥐고 여섯 개의 어금니(牙)가 난 흰 코끼리를 타고 있는 모습과 연화대(蓮花臺)에 앉아 있는 두 가지의 모습을 하고 있다.

보현보살의 십행원(十行願)은 모든 보살행의 근본으로써 깊은 의미를 가진다.

1. 항상 모든 부처님께 예경하겠습니다.
2. 항상 모든 부처님을 찬양하겠습니다.
3. 항상 널리 공양하겠습니다.
4. 항상 모든 업장을 참회하겠습니다.
5. 항상 남이 짓는 공덕을 기뻐하겠습니다.
6. 항상 부처님께서 설법하시기를 청하겠습니다.
7. 항상 부처님께서 이 세상에 계시기를 청하겠습니다.
8. 항상 부처님을 따라 배우겠습니다.
9. 항상 모든 중생을 수순(隨順)하겠습니다.
10. 지은 바 모든 공덕을 중생에게 회향하겠습니다.

이와 같은 보현보살의 십행원은 육바라밀과 함께 보살이 닦는 행의 기본이 된다.

8. 관세음보살 (觀世音菩薩)

관세음은 범어로는 아바로키테스바라(Avalokiteśvara)이고, 관자재(觀自在), 관세음(觀世音), 광세음(廣世音), 관세음자재(觀世音自在), 관음(觀音) 등으로 번역된다.

고해 중생의 간절한 염원을 관조하여 구원의 자비를 베푸시는 분, 또는 불안과 공포가 없는 마음을 주시는 분이라는 의미를 가지고 있다. 관세음보살은 대자대비(大慈大悲)를 근본 서원으로 하는 자비를 상징하는 보살이다.

중생의 근기에 따라 갖가지 모습으로 화현하여 중생을 교화하는데 성관음(聖觀音)·천수천안관음(千手千眼觀音)·십일면관음(十一面觀音)·여의륜관음(如意輪觀音)·준제관음(准提觀音) 등 33가지의 다른 모습을 나타내어 보문시현(普門示現)이라 불린다. 이 중에서 성관음은 여러 관음으로 변화하기 전의 본래 관세음보살을 말하며, 이 성관음이 본신이고 그 나머지는 모두 보문시현의 변화에 의해 나타난 화신이다.

우리가 흔히 볼 수 있는 관음은 성관음 이외에 십일면관음과 천수천안관음이 있다. 십일면관음은 머리 부분에 성난모습, 웃는 모습 등의 11가지의 다른 표정을 가지고 다양한 중생을 제도한다. 천수천안관음은 천개의 손과 각각의 손에 눈을 가지고 각각 다른 물건을 들고 있는 관음인데, 이러한 형상은 손이 단지 중생들을 제도하는 방편의 도구가 아니라, 하나 하나의 손이 바로 인격의 본체임을 상징하는 것이다.

아미타부처님을 협시할 때는 보통 감로수병과 연꽃을 손에 들고 있는 모습으로 보관에 아미타화불을 표현한다. 늘 흰옷을 입고 화현하기 때문에 백의대사(白衣大師)라고도 하는데 이는 관세음보살의 고결함을 나타내는 상징이다. 관세음보살을 모신 전각은 관음전(觀音殿), 원통전(圓通殿)으로 불린다.

9. 대세지보살 (大勢至菩薩)

대세지는 범어로 마하스타마프라프타(Mahasthama-prapta)이고, 마하나발(摩訶那鉢) 등으로 음사하며, 득대세지(得大勢至) · 대정진(大精進)이라고 번역된다.

대세지보살이 발을 한 번 내딛으면 삼천대천세계 나쁜 무리들의 집이 진동하고, 대세지보살을 친견하는 자는 고난이 저절로 소멸되어 수승한 안락을 얻게 된다. 또 위험과 가혹한 형벌을 받게 되었을 때 지극한 마음으로 보살님께 귀의하고 염불하면 바로 해탈을 얻게 하는 큰 힘이 있다고 하여 대세지(大勢至)라고 한다. 광명지혜(光明智慧)로 삼악도를 관찰하여 중생의 고통을 여의게 하는 위신력의 보살이며 극락세계의 지혜를 대표하며 지혜문(智慧門)을 맡고 있다.

정수리에 보배병을 얹고, 왼쪽 손에는 백련화(白蓮華)를 잡고 있다. 오른쪽 손은 설법인(說法印)을 했으며 혹은 허심합장(虛心合掌, 합장한 손바닥이 조금 빈 듯한 모양)을 한 모습 등 여러 가지 형상이 있다.

봉우리진 연꽃을 잡고 있는데 그것은 법의 종자(種子)를 중생의 마음에 뿌리고 중생들의 법의 싹을 보호하여 잘 자라게 한다는 것을 상징한다. 〈관무량수경〉에 의하면 대세지보살은 관세음보살과 함께 아미타불을 모시는 미타삼존의 한 분이다.

10. 지장보살 (地藏菩薩)

지장은 범어로 크시티가르바(ksitigarbha)이며, '크시티'는 대지(大地), 혹은 머무는 곳이라는 의미이고 '가르바'는 태장(胎藏), 함장(含藏)의 뜻으로 '지(地)'를 함장한다', '지중(地中)의 장(藏)'이란 의미가 된다. 지장십륜경에는 선근을 낳게 하는 것은 대지의 덕이라고 하여 지장은 대지의 덕을 상징하는 것으로 여겨졌다.

"지옥이 텅 비지 않는다면 결코 성불을 서두르지 않겠습니다. 육도(六道)의 중생이 다 제도되면 깨달음을 이루겠습니다."

이와 같은 서원을 세워 석가모니부처님으로부터 남다른 칭찬을 받은 보살로서 미륵보살이 성도할 때까지 중생제도를 당부받은 보살이다. 또한 석가모니부처님이 입멸하고 미륵부처님이 아직 도래하지 않는 시간에 육도의 중생들을 교화하는 대원보살이다.

특히 지장보살은 지옥에서 고통받는 중생들을 구원하기 위해 지옥의 중생들을 교화하여 제도하는 지옥세계의 부처님으로 잘 알려져 있다. 다른 보살들과는 달리 화려한 보관 대신 삭발한 스님의 머리를 하고 있거나, 때로는 두건을 쓰기도 한다. 시무외인을 하는 모습으로 왼손에는 월륜(月輪, 구슬보석)을 오른손에는 석장(錫杖)을 쥔 모습이거나, 왼손에 연꽃을 오른손에 구슬 보석을 쥐고 있는 모습이다. 도명존자(道明尊者)와 무독귀왕(無毒鬼王)이 좌우에서 보좌하고 있는데, 지장보살이 봉안된 전각을 지장전(地藏殿), 명부전(冥府殿), 혹은 시왕전(十王殿)이라고 한다.

11. **일광보살** (日光菩薩), **월광보살** (月光菩薩)

일광보살과 월광보살은 약사여래의 좌우 협시보살이다. 약사여래는 원래 이들의 아버지였는데, 고해에 빠진 중생들에 대한 보리심을 내어 병고의 중생을 구제하기 위하여 서원을 세웠다. 그래서 아버지는 약사여래불이 되었고 두 아들은 출가하여 일광보살과 월광보살이 된 것이다. 이들 양대 보살의 명호에는 해와 달과 같은 빛으로 법계를 평등하게 두루 비추어 생사(生死)의 무명(無明)을 타파한다는 의미를 담고 있다.

일광보살은 약사여래의 덕과 광명이 두루 밝다는 것을 전한다. 몸은 육색이고 연꽃이나 일륜(日輪)을 가지고 있으며 붉은 연꽃 위에 앉아 있는 형상이다. 월광보살은 약사여래의 교화를 도우며 모든 중생의 고통을 치유하고 안락하게 해 주는 보살이다.

일광보살 · 월광보살의 이마에 원형의 일상(日像) · 월상(月像)이 표시되어 있으며, 지물(持物)은 표현되어 있지 않다. 혹은 초승달 모양의 청련화나 만월형의 월륜(月輪)을 앞가슴에 지닌 형상을 하고 있다. 조각상으로 조성된 경우는 드물고 후불탱화에 나타난다.

수인(手印)의 세계

불보살님들은 다양한 손 모양을 하고 있다. 빈 손으로 어떤 모양을 나타낸 것을 수인(手印)이라고 하고, 손에 연꽃이나, 칼·약병·탑·석장·보주·법륜·금강저·보병 등의 지물을 든 것을 계인(契印)이라고 한다.

수인은 불보살님들의 자내증(自內證)의 덕을 표시하기 위해 손과 손가락으로 표현하는 상징이며, 여러 불보살님은 각각 특유의 수인과 계인으로 표현된다.

1. 석가모니부처님 근본 오인(根本 五印)

① 항마촉지인(降魔觸地印)

석가모니부처님의 정각(正覺)을 상징하는 수인으로 결가부좌한 선정인(禪定印)의 상태에서 오른손을 오른쪽 무릎 위에 얹고 손가락을 땅으로 가리키는 모습이다. 마왕(魔王)을 물리치고 손가락으로 그 작란(作亂)을 누르고 있는 것이다.

② 법계정인(法界定印) ; 선정인(禪定印)

왼손은 손바닥을 위쪽으로 해서 배꼽 앞에 놓고, 오른손도 손바닥을 위쪽으로 해서 겹쳐서 놓되, 두 엄지손가락은 서로 맞댄 모습이다. 오른손이 왼손 위에 가는 것이 원칙이다. 참선할 때 짓는 수인이며, 삼매에 든 것을 의미한다. 그래서 선정인(禪定印)이라고도 하며 결가부좌일 때 취하는 수인이다. 이를 법계정인이라고 하는 이유는 석가모니부처님의 삼매는 곧 법계의 체성(體性)과 본질을 증득하는 것이기 때문이다.

③ 전법륜인(轉法輪印)

석가모니부처님이 최초로 설법할 때 취한 손 모양으로 전한다. 일반적으로 전법륜인은 석존의 설법을 상징한다. 오른손은 엄지와 집게손가락을 맞대고 나머지 손가락은 편다. 왼손은 엄지와 검지, 또는 엄지와 중지의 끝을 맞대고 나머지 손가락은 편다. 그리고는 왼쪽 손바닥은 위로하고 약지와 소지의 끝을 오른쪽 손목에 대고 오른손 손바닥은 밖을 향한 모양이다.

④ 시무외인(施無畏印)

다섯 손가락을 가지런히 위로 뻗고 손바닥을 밖으로 하여 어깨높이까지 올린 모양이다. 서서 계신 부처님이 주로 취하고 있으며, 중생들에게 자비를 베풀어 두려움과 고통을 떠나 온갖 근심과 걱정을 없애주는 수인으로 이포외인(離怖畏印)이라고도 한다.

⑤ 여원인(與願印)

손바닥을 밖으로 하고 다섯 손가락을 펴서 밑으로 향하고 손 전체를 늘어뜨리는 모양으로 시무외인과 반대의 모습이다. 서서 계신 부처님이 주로 시무외인을 취하고 있으며, 부처님이 중생에게 자비의 덕을 베풀어 중생이 원하는 바를 달성하게 하는 수인이다.

2. 비로자나불의 수인

① 지권인(智拳印)

왼손의 집게손가락을 펴서 오른손으로 감싸 쥐는 손의 모양이다. 오른손은 부처님의 세계를, 왼손은 중생의 세계를 의미한다. 중생들이 살아가는 세계는 부처

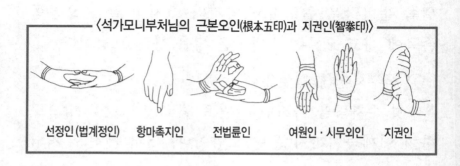

〈석가모니부처님의 근본오인(根本五印)과 지권인(智拳印)〉

선정인(법계정인)   항마촉지인   전법륜인   여원인·시무외인   지권인

님의 몸 그 자체라는 것을 뜻한다. 부처와 중생, 미혹과 깨달음이 떨어져 있는 것이 아니라 하나의 세계라는 것을 의미한다.

② 법계정인(法界定印)

석가모니부처님의 법계정인과 같은 형태로 왼손은 손바닥을 위로해서 배꼽 앞에 놓고 오른손도 손바닥을 위로해서 겹쳐 두 엄지손가락은 서로 맞댄 모습이다. 경우에 따라 비로자나불이 결가부좌한 상태에서 이 모습을 취하고 있는 경우도 있다. 보통 오른손이 왼손 위에 가는 것이 원칙이다.

3. 아미타불의 구품정인(九品定印)

아미타여래의 수인은 극락세계에 왕생하는 무리를 상중하의 삼품(三品)으로 나누고 이를 각각 삼생(三生)으로 나누어 아홉 가지 모습을 나타내어 각 단계의 근기에 맞게 설법하는 수인이다. 그래서 구품정인이라고 하며, 묘관찰지정인(妙觀察智定印)이라고도 한다.

상품상생인(上品上生印)은 법계정인(法界定印)과 동일한 자세와 모양에서 집게손가락을 구부려 엄지에 댄다. 상품중생인(上品中生印)은 같은 모양에서 중지를 구부려 엄지에 대며, 상품하생인(上品下生印)은 무명지(無名指, 넷째 손가락)를 구부려 엄지에 댄다.

중품(中品)의 수인은 두 손을 가슴 앞까지 들고 손바닥을 밖으로 하여 나타내는 수인인데, 중품상생인은 두 손의 집게손가락을 엄지에 마주 대고, 중품중생인은 장지를 서로 대고 하생인은 약지를 대는 모습이다.

하품(下品)의 수인은 한 손은 가슴 위로 올리고 다른 한 손은 아래로 향하는 수인인데, 단 손가락의 모양이 중품인과 같은 모양이다.

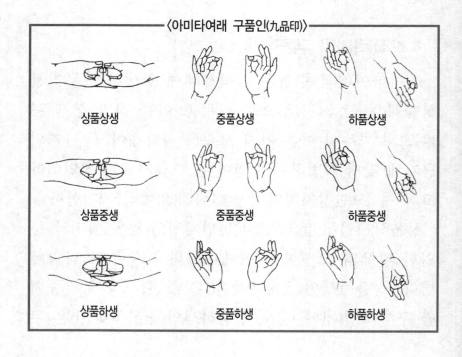

〈아미타여래 구품인(九品印)〉

상품상생　　중품상생　　하품상생

상품중생　　중품중생　　하품중생

상품하생　　중품하생　　하품하생

4. 그 외의 수인

① 내영인(來迎印)

사람이 임종할 때 아미타불이 서방정토에서 그 사람을 맞아 준다는 인상이다. 부처님을 상징하는 오른손을 들고 왼손은 내려놓아 왕생자를 맞이하는 모습이다. 엄지와 검지, 또는 엄지와 중간 손가락을 둥그렇게 하는 모습인데, 이는 극락세계를 상징한다.

② 안위인(安慰印)

중생을 편안하게 위로하는 결인(結印)으로 오른손 또는 좌우 양손의 엄지와 검지를 서로 엇걸어 쥐는 결인이다.

③ 무소부지인(無所不至印)

두 손을 합하여 깍지를 지어 오른손의 다섯 손가락은 왼손의 다섯 손가락 위에 두고, 두 손의 엄지와 집게 손가락을 마주 누른다. 비로자나불의 비밀스러운 진언을 나타낸다.

④ 천지인(天地印)

탄생불의 모습으로 석가모니부처님이 탄생하자마자 일곱 걸음을 걷고 한 손으로 하늘을 다른 한 손으로 땅을 가리키며, '천상천하유아독존(天上天下唯我獨存)'이라고 외친 것에서 유래한 인상이다.

우리나라 불교의 역사

부처님의 가르침이 우리나라에 처음 들어온 것은 고구려 소수림왕(서기 372년) 때의 일이며 그로부터 12년 후(서기 384년)에는 백제에 전해졌으며, 신라는 법흥왕 때(서기 572년)에 이르러 불교가 인정되었다.

우리나라에 들어온 불교는 나라가 발전하는 데 크게 이바지했으며, 우리 겨레의 마음속에서 1천 6백여 년을 줄기차게 이어져 내려왔다.

고구려

고구려는 삼국에서 처음으로 17대 소수림왕 2년(서기 372년)에 진나라 왕 부견이 고구려에 순도스님을 파견하면서 불상과 경문을 보내왔다. 그 2년 뒤에는 아도화상이 건너왔다. 고구려 왕은 이 두 스님들을 위해 성문사(省門寺)와 이불란사(伊弗蘭寺)를 세웠다. 이것이 한국에서 가장 먼저 세워진 절이다.

5세기경에는 고구려 스님들이 중국으로 구법 유학을 가기 시작했다. 그중에서 승랑(僧朗)은 승조(僧肇)

의 삼론학을 연구하여 대가가 되었다. 중국에서 삼론, 천태, 율장을 배워온 고구려 스님들은 6세기 말에는 일본으로 불교를 전하는 데 커다란 역할을 하였다. 혜자대사는 일본으로 가서 일본의 성덕태자의 스승이 되어 불교를 가르쳤다. 담징은 학문에도 능통하였을 뿐 아니라 글씨와 그림에도 뛰어나 일본 법륭사에 머물며 금당 벽화를 그려 아름다움으로 찬탄을 받았다. 혜관대사는 일본으로 가서 승정(僧正)이 되기도 하였다. 또한 일본의 여러 스님들도 고구려에 유학 와서 불교를 배워 가는 등 교류가 활발하였다.

백 제

백제의 불교는 15대 침류왕 원년(384년)에 인도의 스님 마라난타가 불교를 전하기 위해 중국 동진에서 온 것으로 시작한다. 왕은 대사를 모셔 예경하였고 이듬해에 출가자가 10명 나왔다. 392년 아신왕은 '불법을 믿어 복을 구하라.'는 교지를 내렸다. 고구려와 마찬가지로 백제도 불교 사상과 문화로 국민들의 화합을 도모하였다. 다음 해 처음으로 새 수도인 한산(漢山)에 절이 세워졌다.

성왕(聖王) 재위시절(523~554년) 백제스님 겸익이

인도에서 인도 스님과 함께 율장을 중심으로 한 새로운 경전을 가지고 와서 불교의 발전에 아주 큰 공헌을 하였다. 성왕 때에는 일본 왕에게 불상과 경전을 전하였는데 오늘날까지 남아 있는 서산 마애삼존불과 백제대향로를 보면 백제 불교문화의 아름다움과 융성함을 알 수가 있다.

6세기 이후 백제에는 미륵신앙이 성행하여 익산에 미륵사를 세우고 탑을 조성하였다. 지금 전하는 사지의 규모로 볼 때 미륵사는 삼국시대 가장 큰 규모의 사찰이었다. 백제의 불교 사상과 문화는 일본에 큰 영향을 주어 일본 고대국가의 이념과 체제 정비에 중요한 역할을 하였다. 602년 백제 관륵대사는 일본으로 가서 승정(僧正)이 되었다.

신 라

신라는 눌지왕(재위 417~457년) 때에 고구려 스님 묵호자가 건너와서 불교를 펼친 이후 불교는 민중 속으로 퍼져나가게 되지만, 527년 이차돈이 순교한 뒤에야 국가종교로서 공인을 받게 되었다. 나아가 진흥왕(재위 540~576년)은 미륵신앙에 근거한 청년 귀족집단인 화랑도를 창설하는 등 불교발전에 기여하였다.

신라에는 자장스님, 원측스님, 원효스님, 의상스님과 같은 지혜와 덕성을 갖춘 많은 학승들이 배출되었다. 원측스님은 당나라로 건너가 삼장법사 현장스님(602~664년)에게 사사하여 유식법상학을 배워 서명사계(西明寺系)라는 법상종의 학파를 형성하였다.

원효스님은 신라 진덕여왕 4년(650년)에 의상스님과 함께 당나라 현장스님에게 불법을 배우려고 요동까지 갔지만, 순라군에게 첩자로 몰려서 갇혀 있다가 신라로 되돌아왔다. 10년 뒤, 의상스님과 다시 당나라에 가던 중, 무덤에서 잠을 청하였다가 잠결에 해골에 괸 물을 마시고 시원함을 느꼈다가 아침에야 알아챘다. 이때 '진리는 결코 밖에 있지 않다.'는 이치를 깨달은 원효스님은 신라로 돌아와서 대중교화에 힘썼다. 원효스님은 왕실 중심의 불교를 민중불교로 바꾸는 데 크게 공헌하였다. 이후 현장스님이 고안한 논증 방식인 '비량(比量)'을 날카롭게 비판한 논서 〈판비량론(判比量論)〉을 저술하여 중국에 전했고, 이로써 현장스님을 능가하는 세계적인 대사상가로 명성을 떨쳤다. 또한 여러 종파의 불교를 회통(會通)하는데 노력을 기울였다. 여러 가지 교의를 조화롭게 화합하는 화쟁사상(和諍思想)은 후대 한국불교의 특징적인 전통을 형성하였다. 특히 원효스님은 일반 대중들에게 염불을 널리 보급하였는데 이것은 정토사상의 대표적인 실천수행법이었다.

신라시대 후반에는 선(禪)이 유력한 가르침으로 급속하게 발전하였다.

고 려

고려시대에도 불교는 국가종교의 지위를 계속 이어갔다. 태조(재위 918~943년)는 고려의 건국이 부처님의 가피에 의한 것이라 믿어서 불교의 강력한 지지자가 되어 수많은 절과 탑을 세웠다. 이 시절에는 선(禪)이 광범위한 지지를 얻으며 최고조에 달했고 오늘날에 이르기까지 한국불교의 성격을 형성하고 있다. 고려의 전반적인 종교정책은 선(禪)과 교(敎) 사이의 균형을 갖는 일이었다.

1190년에 보조국사 지눌스님(1158~1210년)은 "선은 부처님의 마음이요, 교는 부처님의 말씀이다."라고 선언했다. 이것은 이후 조선시대에 서산대사의 선가귀감에서도 거듭 반복되어 강조되었다. 또한 몽고의 침략을 받았을 때, 국난을 극복하기 위해 만들어진 〈고려대장경〉은 세계에서 가장 오래된 대장경이다.

조 선

조선시대에는 유교를 높이 받들고 불교를 억압하였기 때문에 불교는 수없이 많은 어려움을 겪어야 했다. 제3대 임금인 태종 때에는 불교 각 종파의 사원·사전(寺田)·노비·승려의 수를 제한하여 12종(宗) 232사(寺)만을 남기고, 도첩제를 더욱 엄격히 하는 한편, 국사(國師)·왕사(王師)의 제도를 폐지하는 등 적극적인 억불정책이 추진되었다.

이런 박해는 조선왕조 5백년간 지속되었으며 그 결과 도심에서는 불교가 모습을 감추게 되고 절은 산중으로 들어가게 되었다.

하지만 임진왜란 때에는 서산대사, 사명대사, 처영대사, 영규대사, 또 병자호란 때에는 명조대사, 벽암대사 등 많은 스님들이 승병을 조직하여 외적을 무찌르고 어려움에 놓인 나라를 구하려고 분투했다.

일제강점기에는 불교 교단도 일본 제국주의의 통제하에 놓였다. 사찰령에 의해서 사원의 계층제도는 다시 조직되었고 주지직 임명도 인가가 필요해졌다. 또한 스님들에게 일본불교와 같이 결혼이 허락되어 출가주의의 전통이 희석되었다.

해방이후

1945년 해방 후에 출가스님과 대처스님의 문제가 쟁점의 하나가 되면서 한국불교는 출가주의의 조계종과 대처를 허락하는 태고종으로 나뉘었다. 그 이래로 이 논쟁은 지속되었지만 출가주의가 지지를 받으면서 대한불교조계종(大韓佛教曹溪宗)이 한국 최대의 종파가 되어 오늘날에 이르고 있다.

대한불교조계종(이하 조계종)은 한국 불교 최대의 종단이다. 조계종은 공식적으로 신라에 선법을 처음으로 전한 도의국사(道義國師)를 종조(宗祖, 종단을 처음으로 일으킨 스님)로, 보조 지눌(普照 知訥, 1158~1210년)국사를 중천조(重闡祖, 종단의 종지를 밝힌 조사스님)로, 태고 보우(太古 普愚, 1301~1382년)국사를 중흥조(中興祖, 종단을 다시 일으켜 세운 조사스님)로 인정한다. 보우국사는 고려 말의 고승으로 우리나라에서 처음으로 간화선의 선법으로 깨달음을 성취한 스님이다. 현재 조계종의 대부분 스님들은 태고선사의 법맥을 이어받고 있다. 조계종은 석가모니부처님의 가르침을 근본으로 하고 직지인심(直指人心), 견성성불(見性成佛), 전법도생(傳法度生)을 종지로 하고 있다. 소의경전은 〈금강경(金剛經)〉과 〈전등법어(傳燈

法語)〉이며, 참선수행을 근본으로 하면서도 간경과 염불, 주력수행을 포용하여 통불교의 전통을 형성하고 있다. 이 중에서 조계종이 가장 중요한 수행법으로 받아들이고 있는 간화선(看話禪) 수행이다. 한국의 간화선 수행은 조사선(祖師禪)의 전통 위에서 화두를 들고 철저한 깨달음을 추구하는 수행으로 세계인들이 주목하는 독특한 수행법이다.

한국의 사찰에서는 전통적으로 음력에 따라 법회를 진행하고 있는데, 최근에는 일요 법회도 보편화되고 있다. 매월 음력 초하루에 가장 큰 법회가 열리며 보름에도 법회가 열린다. 또한 음력 8일에 약사재일(藥師齋日), 18일에 지장재일(地藏齋日), 24일에 관음재일(觀音齋日) 기도 법회가 있다. 사찰의 절기법회로는 칠석기도(음력 7월 7일), 백중기도(음력 7월 15일), 동지기도, 입춘기도가 있다.

한국불교에서 받들어오는 명절로 부처님 오신 날(음력 4월 8일), 부처님 출가절(음력 2월 8일), 부처님 성도절(음력 12월 8일), 부처님 열반절(음력 2월 15일)이 있다. 신도의 신행은 사찰의 법회 참석과 불공드리기, 보시, 봉사, 참선, 간경, 사경, 염불, 절, 진언 등 여러 방법이 있다. 신행 생활은 사찰의 법회를 중심으로 전개되며, 산사의 다양한 수련회에 참가하여 수행하기도 한다.

부처님 오신 날은 성도일, 출가일, 열반일과 더불어 불교의 4대 기념일이다. 부처님 오신 날에 불교도들은 사찰을 찾아 관불의식과 함께 참배하고 연등을 공양함으로써 모든 사람들이 부처님이 되기를 기원한다.

부처님 오신 날을 앞두고 열리는 연등회는 불자와 주민들이 함께 부처님의 탄신을 축하하는 문화축제로서 신라시대부터 시작되었다. 이후 불교가 국교였던 고려시대에 연등회는 국가적인 행사로 거듭났다. 고려 태조가 후손들을 위해 남긴 훈요십조(訓要十條)에도 연등회의 중요성이 강조되어있다.

유교를 섬기고 불교를 배척하는 조선이 들어서자 국가적인 규모의 연등회는 중지됐다. 하지만 여전히 민간에서 민속행사로 남아 세시풍속으로 전승된다. 오늘날의 연등회는 2012년 4월 6일 중요무형문화재(현 국가무형문화재) 제122호로 지정되어 전국에서 화려한 연등행렬 외에도 다양한 전통문화행사를 체험할 수 있어 수많은 외국인이 찾는 한국의 대표적인 전통문화축제가 되었다.

불교상식 문답

불교는 어떤 종교입니까?

불교(佛敎)는 부처님의 가르침을 숭신해서 실천하는 종교입니다. 스스로 마음을 닦고 착한 일을 행하면 모든 이들이 부처가 될 수 있다는 것이 부처님의 가르침입니다. 불교에서는 전지(全知)·전능(全能)·지선(至善)한 신(神)이 있어서 인간을 창조하고 벌주며 고통에서 구원하는 것이 아니라, 자기 스스로의 지혜와 수행으로 지은 바의 업(業, karma)을 소멸하면 스스로 변화되어 간다고 가르칩니다. 자신이 지은 행위에 대한 과보(果報)를 스스로 받는다는 자율적인 이치를 체득하는, 깨달음의 종교가 바로 불교입니다.

불교와 다른 종교의 가장 큰 차이점은 무엇입니까?

첫째, 불교는 어떤 대상을 믿는 것이 목적이 아니라 자신에게 깃들어 있는 부처의 성품을 발견하여, 그것을 닦고 깨달아 부처가 되는, 깨달음의 종교입니다.

둘째, 불교는 모든 생명이 가진 저마다의 존엄성이

가장 중요한 가치라고 합니다. 이 세상은 어떤 절대자가 주재하는 것이 아니라, 일체 존재들이 서로 의존하고 있습니다. 따라서 서로 의존하고 있는 모든 생명은 하나같이 평등하고 존귀한 존재들이라는 것입니다. 셋째, 무엇보다도 불교와 다른 종교와의 가장 중요한 차이는 연기법(緣起法)입니다. 연기법은 상의성(相依性)의 원리입니다. 상의성이란 세계의 그 어떤 것도 독립되어 존재하는 것은 없다는 것입니다. 연기법에 의하면 이 세계는 시간적으로는 원인과 결과라는 인과관계, 공간적으로는 무수한 존재들 간의 의존관계 속에 있습니다. 중생이 업(業)을 짓는 이유도 연기(緣起)의 세계에서 다른 존재들과 더불어 살아가기 때문이고, 또 자기가 지은 업에 따라 윤회하는 이유도 인연(因緣)과 과보(果報)라는 연기법의 상의성 원리에 의한 것입니다.

경전은 어떻게 생겨나게 되었습니까?

석가모니부처님께서 입멸하신 후 교단의 규율이 무너지지 않게 하기 위해 부처님 십대제자 중의 한 분인 마하가섭존자는 여러 비구들에게 부처님의 가르침을 보존할 경전의 결집(結集)을 제의했습니다.

이에 동의한 스님들은 라자그리하[王舍城] 밖의 칠엽굴(七葉窟)에서 500여 명이 모여 3개월에 걸쳐 부처님께서 생전에 펴신 법문을 합송하고 검증하였는데 이것을 '결집'이라고 합니다. 이같은 경전의 결집을 통해서 부처님의 말씀이 후대에 전해지게 되었습니다. 당시에는 문자가 없었으므로 마하가섭이 결집의 의장을 맡아 대중집회를 열어 함께 외우고 암송하여 구전(口傳)하는 방식이었습니다.

교법[經]은 일생동안 부처님을 곁에서 모셨던 아난다 존자가 맡아 외웠는데 먼저 "이와 같이 들었습니다. 어느 때 부처님께서…"라고 암송하여 아난 존자의 암송이 부처님의 설법과 일치하면 박수를 쳐서 함께 외웠고 그 기억이 틀리면 정정한 뒤 참가자 전원이 함께 외웠습니다. 이런 방식으로 계율(戒律)은 지계제일의 우바리 존자가 암송했습니다.

가장 오래된 불교 경전은 어떤 경전입니까?

가장 오래된 경전은 〈아함경(阿含經)〉입니다. 아함(阿含)이라는 말은 산스크리트어 '아가마(Agama)'의 음사인데, 그 원래의 뜻인 '오는 것'에서 유래하여 예로부터 전해온 가르침', 즉 구전되어 오던 석가모니부처님의 가르침을 정리하여 집성한 것을 '아가마'라고 총칭하고 있습니다. '아함'에 일관하여 설해지고 있는 것은 초기불교의 중심사상인 사성제(四聖諦), 팔정도(八正道), 십이인연(十二因緣) 등의 교리로서 이것은 부처님 설법에 가장 가까운 것이면서도 일상생활의 실제적인 교훈이 되는 내용입니다. 〈아함경〉은 다른 어떤 경전보다도 부처님의 사실적인 모습과 인간미를 그대로 담고 있고 사상적인 변화도 거의 없으며, 이설의 대립이나 대·소승의 구별도 보이지 않는 불교의 근간이 되는 경전입니다.

경전 중에서 가장 짧은 경전은 무엇입니까?

〈마하반야바라밀다심경(摩訶般若波羅蜜多心經)〉인데, 줄여서 〈반야심경〉이라고도 합니다. 600권 〈반야경〉을 압축한 경전으로 경전의 제목까지 포함하여 불과 270자밖에 되지 않는 가장 짧은 경전이지만, 대승불교의 핵심사상인 공(空)의 지혜가 담겨 있습니다. 그래서 불교의 모든 종파에서 공통으로 독송하는 경전이며, 불교에 입문하지 않더라도 불교사상을 이해하기 위해서는 이 경전이 뜻하는 바를 이해하는 것이 필수적이라고 할 만큼 불교 입문서로서의 대표성도 있습니다.

'부처님'이란 뜻은 무엇입니까?

'진리를 깨달은 성자'라는 뜻으로, 이 세상에서 가장 높은 진리를 밝게 깨달아 온갖 지혜와 복덕을 모두 갖추신 분이라는 뜻입니다.

부처님의 성과 이름은 무엇일까요?

석가족의 성자라는 뜻에서 '석가모니'라고 하고, 태자 때의 이름은 '싯다르타', 그리고 성은 '고오타마'입니다. 진리의 체현자라는 의미에서 여래(如來), 존칭으로서의 세존(世尊) · 석존(釋尊) 등으로도 불립니다.

부처님께서는 언제, 어디에서 깨달으셨습니까?

12월 8일 붓다가야의 보리수 아래에 앉아 하늘에 떠 있는 샛별을 보았을 때 진리를 깨달으셨습니다.

보리수에 대하여 말씀해 주세요.

'보리'는 깨달음이란 뜻을 가지고 있으며, 부처님께서 이 나무 아래에서 진리를 깨달았기 때문에 보리수라고 합니다. 이 나무의 본래 이름은 '필발라'입니다.

부처님께서는 언제, 어디에서 열반하셨습니까?

여든 살 때인 2월 15일 '쿠시나가라'의 사라쌍수나무 아래에서 조용히 열반에 드셨습니다.

부처님께 절은 몇 번 해야 할까요?

절은 3번, 7번, 21번, 108번을 하는 등 여러 가지가 있지만, 평상시에 참배하는 절은 보통 3번이나 7번을 하면 됩니다. 기도를 올릴 때는 1080배, 3000배, 10000배 등 절을 많이 하는 경우도 있습니다.

부처님의 십대제자는 어떤 분들입니까?

① 지혜 제일의 '사리풋타(사리불)'
② 신통 제일의 '목갈라나(목건련)'
③ 두타 제일의 '마하카사파(마하가섭)'
④ 공해공 제일의 '수부티(수보리)'
⑤ 설법 제일의 '푸르나(부루나)'
⑥ 논의 제일의 '캇차야나(가전연)'
⑦ 천안 제일의 '아누룻다(아나율)'
⑧ 지계 제일의 '우팔리(우바리)'
⑨ 밀행 제일의 '라훌라(라후라)'
⑩ 다문 제일의 '아난타(아난다)'

'스님'이란 뜻은 무엇입니까?

'스승님'의 준말로 제자가 자기 스승을 높여 부르는 말입니다. 그리고 자기의 스승이 아니라도 출가하여 수도하는 사람을 일컫는 말이기도 합니다.

스님은 무엇을 하시는 분입니까?

스님은 오직 부처님을 섬기며 진리를 배우기 위하여 출가 공동체에서 공부에 열중하는 분입니다. 공부를 마친 다음에는 모든 사람들에게 부처님의 가르침인 법(法)을 펼치며 중생을 제도하시는 분입니다.

최초로 부처님 제자가 되신 스님은 누구입니까?

콘단냐(Kondanna, 憍蓮如)·아사지(Assaji, 阿說示)·마하나마(Mahanama, 摩訶男)·밧디야(Bhaddhiya, 婆提)·바파(Vappa, 婆頗)의 다섯 분으로, 이 분들은 부처님께서 성도하시기 전에 함께 고행했던 이들이었습니다. 부처님께서 깨달으신 다음에, 녹야원으로 찾아가 제일 먼저 이들을 교화하여 비구가 되도록 하셨습니다.

비구(比丘)란 무슨 뜻입니까?

부처님이 정하신 250가지의 계율을 받아 지니는 남자 스님을 말합니다. 걸사·포마·파악이라고도 합니다. '걸사'는 위로는 진리를 빌어 마음이 밝고 맑게 되고, 아래로는 밥을 빌어 몸을 기른다는 뜻이며, '포마'는 나쁜 무리를 두렵게 한다는 뜻을 가지고 있고, '파악'은 마음 속의 온갖 나쁜 죄를 없앤다는 뜻입니다.

비구니(比丘尼)란 무슨 뜻입니까 ?

부처님이 정하신 348가지의 계율을 받아 지니는 여자 스님을 비구니라 합니다.

최초의 비구니 스님은 누구입니까?

마하파자파티라는 분인데, 이 분은 석가모니부처님의 어머니인 마야 왕비께서 돌아가신 다음에 석가모니부처님을 키워주신 부처님의 이모입니다.

스님들이 삭발(削髮)하는 이유는 무엇입니까?

스님은 오직 진리만을 공부하시는 분들이기 때문에 수행에 전념하기 위해서이며, 마음 속 번뇌의 뿌리를 잘라 없앤다는 뜻으로도 머리를 깎는 것입니다.

스님께는 절을 몇 번 해야 될까요?

절은 한 번 하면 되는데, 단 나이가 많으시고 덕이 높으신 스님이나 불법을 배우러 찾아 뵈었을 때는 세 번 하는 것이 좋습니다.

우리나라 최초의 스님은 어떤 분입니까?

고구려의 '아도'라는 분이 처음으로 남자 스님이 되셨으며, 아도스님이 계시던 곳에 함께 머물던 '사시'라는 분이 제일 처음으로 여자스님이 되셨습니다.

스님들의 소임과 별칭에 대해 말씀해주세요,

1) 방장(方丈)과 조실(祖室) : 방장과 조실은 모두 절에서 최고 어른을 이르는 말인데, 절의 규모가 커서 총림(叢林)을 갖추고 있을 경우에는 방장이라 부르고, 총림 아래 단계의 절에서는 조실이라 부릅니다.

2) 종정(宗正)과 총무원장(總務院長) : 종정은 종단의 정신적인 지주로서 종풍(宗風)과 법통(法統)을 대표하는 가장 큰스님이며, 총무원장은 종정의 교시를 받아 종단의 행정을 책임지고 수행하는 스님입니다.

3) 큰스님과 노스님 : 덕이 높고 연세가 높으신 스님을 큰스님이라 부르며, 연세가 아주 높으신 분을 일반적으로 노스님이라 부릅니다. 만일 스님들에게 주지·총무 등의 직함이 있으면 그 직함대로 주지스님·총무스님이라고 불러야 하며, 함부로 큰스님이라는 호칭을 불러 그 격을 떨어뜨려서는 안 됩니다.

4) 상좌(上佐)와 은사(恩師) : 상좌는 속가의 제자에 가까운 말입니다. 불교에는 한 스승을 모시고 그 아래에서 직접 가르침을 받는 상좌제도가 있어 왔습니다. 은사는 속가의 스승에 가까운 말입니다. 한 은사 밑에는 여러 상좌가 있거나, 젊은 스님이 여러 스승을 두는 경우가 많이 있습니다.

5) 행자(行者) : 아직 수계받지 않은 예비 스님을 행자라고 합니다. 흔히 1년 이상의 교육과정을 마친 뒤에 사미십계(沙彌十戒)를 받고 사미승이 되는데, 행자 뒤에 스님이라는 호칭은 붙여 부르지 않습니다.

6) 사미(沙彌)와 사미니(沙彌尼) : 행자 과정을 마쳐 십계를 수지한 스님으로서 아직 비구계를 받기 전의 스님을 사미라고 하며, 니(尼)는 여승을 말합니다.

우리나라에는 어떤 유명하고 덕이 높으신 스님들이 계십니까?

신라 : 원효대사, 의상대사, 자장율사, 진표율사,
　　　 원광법사, 도선국사

고려 : 나옹화상, 무학대사, 보우선사, 보조국사

조선 : 진묵대사, 서산대사, 사명대사, 편양선사,
　　　 보우선사

근세 : 경허스님, 한암스님, 만공스님, 금봉스님,
　　　 고봉스님, 만해스님, 용성스님, 남전스님,
　　　 동산스님, 석우스님, 지월스님, 효봉스님,
　　　 인곡스님, 금오스님, 동암스님, 청담스님,
　　　 향곡스님, 운암스님, 경봉스님, 덕산스님,
　　　 고암스님, 자운스님, 석암스님, 성철스님 등

'선사(禪師)'와 '종사(宗師)'는 어떻게 다릅니까?

선사는 "마음을 닦고 생각을 고요하게 하는 이"를 말합니다. 즉 오로지 참선에 통달하여 참선으로 수행하는 큰 스님을 일컫는 말이며, 옛부터 나라의 임금이 덕 높으신 큰 스님에게 내리는 '시호'와 선승이 선배스님에게서 '덕호'로 받는 것이 있습니다.

종사는 부처님의 가르침을 널리 포교하며, 많은 사람들로부터 존경을 받는 큰 스님입니다. 선법을 전하는 스님을 종사라고 부르는데, 요즘에는 종단의 여러 일을 맡아 보시는 큰 스님을 종사라고도 합니다.

'사문(沙門)'이란 무슨 말입니까?

모든 올바르고 착한 일을 부지런히 닦으며 나쁜 일을 하지 않는 이로, 출가하여 부처님의 참다운 가르침을 배우고 닦는 스님을 말하며, '비구'와 같은 뜻으로 쓰입니다.

결제(結制)와 해제(解制)란 무엇입니까?

결제(結制)는 스님들이 참선 공부를 시작하는 것입니다. 해제(解制)는 마음으로 공부를 계속하지만, 몸은 자유로이 한다는 뜻입니다. 예를 들면, 결제가 학교의 개학이라면 해제는 방학에 해당합니다.

안거(安居)란 어떤 뜻입니까?

스님들이 한 곳에 모여 외출을 금하고 열심히 수행하는 것을 말합니다. 안거에는 여름 안거[夏安居]와 겨울 안거[冬安居]가 있으며, 하안거는 음력 4월 15일에 결제하여 90일 만인 7월 15일에 해제하고 동안거는 음력 10월 15일에 결제하여 90일 만인 이듬해 1월 15일에 해제합니다.

불교의 5대 명절은 무엇입니까?

① 음력 4월 초파일 (부처님 오신 날)

② 음력 2월 8일 (출가재일)

③ 음력 12월 8일 (성도재일)

④ 음력 2월 15일 (열반재일)

⑤ 음력 7월 15일 (우란분절, 백중재일)

세계에서 가장 먼저 세워진 절 이름은 무엇입니까?

중인도 마가다국의 가란타 마을에 세워진 죽림정사라는 절입니다. 이 절은 마가다국의 빔비사라 왕이 부처님과 그 제자들을 위해 세웠으며, 현재 인도에는 쉼터만 남아 있습니다.

불교의 4대 성지는 어디입니까?

① 석가모니 부처님께서 태어나신 '룸비니 동산'

② 깨달음을 얻으신 '붓다가야'

③ 처음으로 깨달음을 가르치신 '녹야원'

④ 열반에 드신 '쿠시나가라'

우리나라 5대 적멸보궁(寂滅寶宮)은 어디입니까?

부처님 진신사리를 모신 곳을 적멸보궁이라 하며 우리 나라에는 다섯 곳이 있습니다.

① 경상남도 양산시 영축산 통도사

② 강원도 평창군 오대산 상원사

③ 강원도 정선군 태백산 정암사

④ 강원도 영월군 사자산 법흥사

⑤ 강원도 인제군 설악산 봉정암

절에 탑을 세우는 이유는 무엇입니까?

탑이란, 본래는 부처님의 사리(舍利)를 묻고, 그 위에 돌과 흙을 높이 쌓은 무덤이었습니다. 석가모니부처님께서 가섭불(Kasyapa-Buddha)의 사리를 위해 흙을 쌓아 탑을 만든 것에서 유래하여, 후세에는 부처님과 큰 스님들의 사리를 봉안하고 그 덕을 존경하여 예배의 대상으로 탑을 세우게 되었다고 합니다.

우리나라의 삼보사찰은 어느 절입니까?

석가모니부처님 진신사리를 모신 양산 통도사를 불보사찰이라 하며, 팔만대장경을 모신 합천 해인사를 법보사찰, 뛰어난 스님들을 많이 배출한 순천 송광사를 승보사찰이라고 합니다.

가사(袈裟)와 장삼(長衫)에 대해서 말씀해주세요.

가사와 장삼은 스님들이 의식 때 갖추어 입는 옷으로 '법의', '법복'이라고도 합니다. 가사는 부처님이 인도의 더운 곳에서 수행하는 이들을 위하여 만드셨습니다.

우리나라와 같이 추운 곳에서는 길이가 길고 소매가 넓은 장삼을 입은 위에 가사를 입습니다. 원래 가사는 많은 사람들로부터 얻은 천 조각을 꿰매어 만드는데, 파랑·노랑·빨강·하양·검정의 다섯 가지가 있으며, '오조가사'·'칠조가사'·'대가사'로 구분합니다.

공양(供養)이란 무슨 뜻입니까?

공양이란 부처님이나 스님에게 향·등·음식 등의 공물을 바치는 것을 말합니다. 범어 '푸야나(pujana)'를 의역한 것인데, 이것은 원래 '존경'을 의미합니다. 즉 상대에 대한 존경의 뜻에서 향이나 음식을 올리는 것을 공양이라고 하며 보시와는 구분되는 말입니다.

보시(布施)란 무엇입니까?

보시란 남에게 무언가를 베풀어주는 일을 말하는데 중생의 구제를 목표로 삼는 이타정신의 첫 번째 실천 덕목입니다. 보시의 종류에는 자비스러운 마음으로 어려운 사람에게 물건이나 돈을 베푸는 재보시(財布施), 다른 사람에게 부처님의 진리를 전해주는 법보시(法布施), 불안에 처한 다른 이를 안심시키는 무외보시(無畏布施)가 있습니다.

보살행(菩薩行)이란 무엇을 말합니까?

보살행은 깨달음을 얻기 위하여 노력하는 적극적인 자세입니다. 자기도 이롭게 하고 다른 사람들에게도 이로움을 주는 행동입니다. 생사와 열반, 번뇌와 보리, 나와 남 등의 모든 분별을 떠난 공(空)의 실천을 구현하는 수행을 보살행이라 합니다.

보리심(菩提心)이란 무엇입니까?

보리심(菩提心)이란 여러 불보살을 따라 위로는 보리를 구하고 아래로는 중생을 교화하려는[上求菩提下化衆生] 마음으로 기꺼이 수행의 길에 들어서는 마음가짐입니다. 이러한 마음을 내는 것을 발보리심(發菩提心) 또는 발심(發心)이라고 합니다.

자비(慈悲)란 어떤 의미입니까?

'자(慈)'는 모든 사람들에게 평온함을 주려는 마음이고, '비(悲)'는 모든 사람들의 괴로움을 없애 주려는 마음입니다.

동체대비(同體大悲)에 대해서 말씀해 주세요.

모든 중생과 한 몸이라고 여기는 자비스러운 마음입니다. 중생의 괴로움과 아픔은 곧 자신의 괴로움과 아픔이라고 여기어 모든 이를 어여삐 생각하는 불보살님의 마음을 말합니다.

불공(佛供)이란 무슨 뜻입니까?

부처님께 공양드리는 것을 말합니다. 공양을 드린다는 것은 부처님을 믿고 그 공덕을 찬양하며 가르침과 보호를 간청하면서 더욱 기쁜 마음으로 불도에 정진할 것을 다짐하는 것입니다.

사부대중(四部大衆)이란 무슨 뜻입니까?

남자 스님인 비구(比丘)와 여자 스님인 비구니(比丘尼), 남자 신도인 우바새(優婆塞, 청신사 淸信士), 여자 신도인 우바이(優婆夷, 청신녀 淸信女)를 통틀어 사부대중이라고 합니다.

'불자(佛子)'라는 말은 어떤 뜻입니까?

부처님의 제자라는 뜻입니다. 부처님의 가르침을 신행하는 사람은 앞으로 부처님이 될 수 있다는 의미가 포함되어 있습니다.

부처님의 제자가 되려면 어떻게 해야 합니까?

불자는 삼보(三寶)께 귀의하고 계율을 받아서 지키며, 부처님의 말씀에 따라 지혜로운 삶을 영위하는 이들을 말합니다. 또한 전문적으로 수행하는 스님들을 찾아 가르침 받고, 스님의 지도에 따라 수행하면서 자리이타(自利利他)의 보살행을 실천해야 합니다.

계율을 받는 까닭은 무엇입니까?

계율은 어지러운 마음을 보호하는 울타리와 같은 것입니다. 마음이 흐려지지 않도록 자신의 마음을 잘 보호하여 바른 깨달음을 얻기 위한 다짐으로 계를 받아 지니는 것이며, 나쁜 마음을 버리고 깨끗한 마음으로 바르게 수행하기 위해서 스스로 노력하겠다는 부처님과의 약속입니다.

'도반(道伴)'은 무슨 말입니까?

부처님의 가르침을 함께 배우며 수행하는 벗을 일컫는 말로, 부처님의 가르침으로 사귄 벗을 말합니다.

염불을 외우는 이유는 무엇입니까?

염불이란 오직 부처님만을 생각한다는 뜻입니다. 부처님을 마음속으로 항상 생각하며, 높고 거룩하신 덕을 우러러 존경함으로써 마음을 편안하게 하기 위하여 염불을 외웁니다.

염불할 때는 어떤 마음가짐이 필요합니까?

첫째, 지성스러운 마음입니다. 염불을 할 때에는 항상 지극한 정성이 깃들어 있어야 하며, 곱고 착한 마음으로 부처님의 이름을 불러야 합니다.

둘째, 넓고 깊은 마음입니다. 염불은 나와 내 가족을 위해 기도하는 마음이며, 더불어 나의 이웃과 공동체의 안녕을 위해 기원하는 넓고 깊은 마음이 깃들어 있어야 합니다.

셋째, 착한 공덕을 남에게 돌리는 마음입니다. 좋은 결과를 가져온 것이 나의 공덕만이 아니라 여러 사람의 공덕이라고 여기는 마음으로 염불을 해야 합니다.

'나무아미타불'은 어떤 뜻일까요?

'나무'는 돌아가 의지한다는 뜻이며, '아미타불'은 아미타부처님을 뜻하므로, 서방 극락세계에 계시는 아미타부처님의 품으로 돌아가 의지한다는 뜻입니다.

수행을 하는 목적은 무엇입니까?

첫째, 모든 괴로움과 어려움과 아픔으로부터 벗어나 올바른 깨달음의 밝은 지혜를 얻기 위하여 몸과 마음을 열심히 닦으며 수행을 합니다. 둘째, 모든 이에게 밝은 진리의 가르침을 베풀어 이로움과 행복을 누리도록 해 주기 위해 수행을 합니다.

'방편을 쓴다'는 말을 자주 듣습니다. 무슨 뜻입니까?

'방'은 방법, '편'은 편리함을 말합니다.

중생을 제도하고자 할 때, 상대방 사람의 성격에 따라 교화하는 방법과 수단을 편리하게 사용한다는 뜻입니다.

업(業)에 대해서 말씀해 주세요.

업(業)은 우리들이 짓는 착하고 나쁜 행위로, 범어로 카르마(karma)입니다. 몸[身]과 입[口]과 뜻[意]으로 짓는 행위를 삼업(三業)이라고 합니다. 착한 업을 지으면 좋은 결과가 따르고, 악한 업을 지으면 나쁜 결과가 나타납니다. 우리의 행위는 그 행위가 끝나면 사라지는 것 같지만, 그것은 보이지 않는 종자로 남아 우리의 다음 행위를 결정하고, 나아가 다음 생(生)을 결정하게 됩니다.

죄(罪)나 선행(善行)은 무엇으로 짓는 것입니까?

몸(身)과 입(口)과 마음(意)으로 짓는 행위를 삼업 (三業)이라고 하고, 이 삼업으로 세상의 온갖 죄악을 저지르게 됩니다. 선행도 역시 삼업으로 짓게 됩니다.

육도윤회(六道輪廻)란 무엇입니까?

중생은 스스로 지은 업에 따라 마음속에 끊임없이 여섯 가지의 괴로운 세상을 만들어 내고 그곳을 쉼 없이 돌고 도는데 그것을 일컬어 '육도윤회'라고 합니다. 육도는 죄를 지은 중생이 가는 지옥(地獄), 성을 내거나 탐내고 질투를 많이 한 죄로 가는 아귀(餓鬼), 짐승처럼 무지하여 가는 축생(畜生), 싸움을 즐기는 중생들이 가는 아수라(阿修羅), 우리 사람들이 사는 세계인 인간(人間), 착한 일을 많이 하여 마음이 자유로운 경지에 이른 중생들이 가는 하늘(天上)을 말합니다. 지옥·아귀·축생을 삼악도(三惡道)라고 하고 아수라·인간·하늘을 삼선도(三善道)라고 합니다.

힌두교와 불교의 윤회설은 어떻게 다릅니까?

고대 인도의 사람들은 고정 불변하는 영혼[아트만] 이 다양한 중생들의 모습으로 윤회한다고 믿고 있었습니다. 고대 인도의 윤회설도 "중생이 살아가며 짓는 업

(業)과 그 업력(業力)의 결과로 과거로부터 미래로의 생을 반복한다."라고 설명하였다는 점에서 불교의 윤회설과 유사합니다. 그러나 힌두교의 윤회설은 전생의 업(業)에 중점을 두어 현생에 대한 체념을 강조합니다. 이에 반해서 불교의 윤회설은 현생의 실천을 가장 중요한 것으로 강조합니다. 불교 윤회설의 핵심은 전생에 지은 업으로 인해서 현생에 어떤 과보를 받고 있다고 하더라도 지금, 여기에서의 행위에 의해 다른 존재로 상승하거나 추락한다는 것입니다. 따라서 현생의 행복이나 불행, 즐거움과 괴로움, 어리석음과 지혜로움은 전생의 업에 의해 머물러 있지 않고 현생의 행위와 실천에 의해 뒤바뀐다는 견해가 불교의 윤회설입니다.

10가지 바른 계 선행은 무엇입니까?

① 불살생(不殺生) : 살아 있는 생명을 죽이지 말라.

② 불투도(不偸盜) : 도둑질하지 말라.

③ 불사음(不邪淫) : 그릇된 성관계를 가지지 말라.

④ 불망어(不妄語) : 거짓말을 하지 말라.

⑤ 불기어(不綺語) : 꾸밈말을 하지 말라.

⑥ 불악구(不惡口) : 험담을 하지 말라.

⑦ 불양설(不兩舌) : 이간질을 하지 말라.

⑧ 불탐욕(不貪欲) : 탐욕스러운 짓을 하지 말라.

⑨ 부진에(不瞋恚) : 분노하여 화를 내지 말라.

⑩ 불사견(不邪見) : 그릇된 견해를 가지지 말라.

이것이 10가지 바른 계[10선계]인데, 이 10선계법을 잘 실천하면 행복한 과보를 받을 수가 있습니다.

사찰의 사물(四物)은 무엇입니까?

① 범종(梵鐘) : '범'은 깨끗하다는 뜻으로 맑고 깨끗한 불교의 의식에 쓰이는 종입니다. 우리나라에서는 인경(引磬)이라고도 하는데 종소리가 울려 퍼지는 동안은 지옥에 있는 중생들의 고통이 멈춘다고 합니다.

② 법고(法鼓) : 북소리가 크게 울리듯 부처님의 설법이 널리 퍼지라는 뜻으로 법고를 칩니다. 법고는 축생의 고통을 받는 중생들을 위해 친다고 합니다.

③ 목어(木漁) : 나무를 잉어 모양으로 만들어 속이 비게 하여 예불할 때와 경전을 읽을 때 두드립니다. 물속에 살고 있는 고기들을 위하여 소리를 내는 것으로 물고기는 밤에도 눈을 감는 일이 없으므로 수행자로 하여금 열심히 정진하라는 뜻에서 만들어진 것이라고도 합니다. 이 목어에서 목탁이 나왔습니다.

④ 운판(雲版) : 청동을 구름 모양으로 아로새긴 법구로서 특히 허공에 떠돌아다니는 모든 새와 곤충 등의 날짐승들을 위하여 칩니다.

염주(念珠)는 무엇을 하는 것입니까?

염주는 글자 그대로, 생각하기 위한 구슬입니다. 손목에 걸거나 손으로 돌리는 법구의 하나로 부처님을 생각하며 수를 헤아린다는 뜻으로 '수주(數珠)'라고도 합니다. 보리수나무 열매 등을 끈으로 꿰어 만들며, '오십사 염주'·'백팔 염주'·'천 염주'·'천팔십 주'·'삼천 주', 그리고 손목에 거는 '단주' 등이 있습니다.

만(卍)자의 유래는 어떠합니까?

만(卍)자는 원래 인도 힌두교의 비슈누신(visnu 神)의 가슴에 난 털의 모양에서 유래하며, 그것은 길상(吉祥)을 뜻합니다. 7세기 인도에서는 대승불교 운동의 일환으로 밀교가 일어났는데, 밀교는 민중들이 향유하던 신앙을 불교 내부로 흡수하였습니다. 당시 불교도들은 부처님의 가슴과 발에도 만(卍)자가 있다고 생각하였고 그 후 만(卍) 자는 사찰의 기호로 사용되었습니다.

연꽃은 어떤 뜻을 지니고 있습니까?

연꽃은 아무리 더러운 곳에서도 더러움에 물들지 않은 채 아름답고 깨끗한 꽃을 피웁니다. 그래서 부처님께서는 수행자의 정진과 깨달음을 더러움에 물들지 않고 피어나는 연꽃에 자주 비유하셨습니다.

불교에서는 집착을 하지 마라고 하는데 왜 집착이 나쁜가요?

본래 이 세상 모든 것은 인연으로 생긴 것이요, 또 인연따라 달라지는 것인데, 그것을 고정불변하는 것으로 생각하고 집착하는 것은 도리에 맞지 않기 때문입니다. 집착은 어떤 사람이나 지위, 명예, 재물 등을 애착하거나 증오하는데 결박된 상태를 의미합니다.

재(齋)란 무엇입니까?

불교에서는 삼보(三寶)에 공양을 올리고 그 공덕의 회향을 기원하는 의례를 재(齋)라고 합니다. 재(齋)는 부처님께 정성을 올린다는 점에서 불공(佛供)과 혼동되어 쓰인 시기도 있었으나 세월이 흐를수록 '재'만이 갖는 특징이 분명해졌습니다. 대개의 불공이 살아있는 사람의 마음닦음을 통해 행복을 기원하는 소망인데 반해서 재는 죽은 이의 명복을 비는 천도(薦度)의 뜻이 두드러지게 되었습니다.

특히 망자를 위해 올리는 재를 천도재(薦度齋)라고 합니다. 천도(薦度)의 '천(薦)'은 '천거하다'라는 의미이고, '도(度)'는 '법도', 혹은 '방법'이라는 뜻을 가지고 있습니다. 그래서 글자 자체의 뜻으로 보더라도 천도재는 불보살님의 힘으로 영가를 극락정토에 태어나도록 천거하기 위해 발원하는 법식이라고 할 수 있습니다. 장례를 마친 후에 망혼에게 지내는 불교 의식은 모두 천도재에 해당합니다. 우리나라에서 천도재는 그 의례의 목적에 따라 사십구재·수륙재·영산재·생전예수재 등으로 구분됩니다.

사십구재를 7일마다 지내는 이유는 무엇입니까?

사십구재는 망인이 죽음을 맞이한 뒤에 다음 생을 받기까지 중유(中有)로 머무는 49일 동안 치르는 의식으로 여러 가지 천도재 중에서 가장 중요한 재의식입니다. 죽은 이의 명복과 극락왕생(極樂往生)을 기원하기 위하여 7일마다 불전에 공물(供物)을 차려 놓고 지내는 의식이며 칠칠재(七七齋)라고도 합니다.

사람이 죽은 후, 살아생전에 선업(善業)을 많이 지어 곧바로 극락세계로 왕생하는 사람과 악업(惡業)을 많이 지어 곧바로 지옥에 떨어지는 사람을 제외하고는 모두 중음신(中陰神)으로 49일 동안 중유(中有, 중음中陰이라고도 함)에 머물러 있다가 생전에 지은 업(業)에 따라 다시 생(生)을 받게 됩니다.

사람이 죽으면 유명계(幽冥界)의 명부시왕(冥府十王)이 죽은 날로부터 7일마다 죽은 자를 심판합니다. 사람이 죽은 지 49일까지는 7일마다 제1 진광대왕으로부터 제7 태산대왕까지 십대왕에게 살아 있을 때까지의 행동과 죄업에 대한 조사를 받고 49일이 되는 날 최종 심판을 받게 됩니다.

그래서 망자가 죽은 날을 1일로 삼아 초재부터 49일 동안 7번의 재를 지내면서 망자가 심판을 받는 동안 괴로움을 덜고 깨달음의 길을 얻게 하고자 공덕을 회향하는 추선공양(追善供養)을 드리는데, 이것이 바로 49재를 7일마다 지내는 이유입니다. 7일을 한 주기로 하여 일곱 번 재를 지내면 7일마다 몸을 바꾸어 한 가지씩 죄업(罪業)을 벗고 49일이 되는 막재 때는 그 죄업을 벗게 됩니다.

그리고 49일 이후 3명의 대왕에게 다시 심판을 받는데, 죽은 후 100일이 되는 날은 제8 평등대왕, 그리고 1년이 되는 날에는 제9 도시대왕, 3년째에는 제10 오도전륜대왕의 심판을 받아 총 3년의 기간 동안 명부 시왕의 심판을 받습니다. 그래서 49재를 지낸 뒤에도 100일 만에 지내는 100재(제8 평등대왕)와 1년이 되는 날에 지내는 소상(小祥, 제9 도시대왕)과 3년이 되는 날에 지내는 대상(大祥, 제10 오도전륜대왕)이 있습니다. 이처럼 열 명의 대왕들의 조사를 받고 재판이 끝나면 육도를 윤회하여 환생하게 됩니다.

부 록

불설삼세인과경
(佛說三世因果經)

호교사상위하인전세원가대두인
(虎咬蛇傷爲何因前世冤家對頭人)

불교 기초상식 사전

불설삼세인과경
佛 說 三 世 因 果 經

그때 부처님께서 영취산에 계시며 영산 회의를 베풀고 계실 때였다.

부처님의 설법을 제일 많이 듣고 가장 많이 알고 있는 기억력이 제일인 아난존자가 언제나 부처님을 따르고 신봉하는 일천이백오십 인을 데리고 부처님 전에 모였다. 아난존자는 부처님 발끝에 이마가 닿도록 엎드려 공손하게 세 번 절하고 무릎을 꿇고 합장하며 여쭈었다.

"희유하시옵니다. 세존이시여, 진리를 청하여 묻사옵니다. 저희가 사는 이 사바세계가 부처님께옵서 설하신 후, 수많은 세월이 지난 오늘에 이르러 여러 중생이 옳지 못한 것을 많이 하게 되었나이다.

불·법·승 삼보를 공경하지 않고 부모님께 효도할 줄 모르며 삼강은 없어지고 오륜은 지나치게 난잡하여 마음은 포악하고 육체는 더러워졌나이다.

또한 가난하고 천박하여 육신은 온전하지 못하고 남을 해치며 살생하는 것을 예사로 생각하게 되고 부자와 가난한 자가 뒤섞여 고르지 않으니 어떠한 업보로 인한 결과이옵니까?

바라옵건대 세존께서는 자비로서 저희가 모든 중생에게 올바른 가르침을 행할 수 있도록 세세히 말씀하여 주옵소서."

부처님께옵서 아난존자와 천이백오십 명의 제자들에게 말씀하셨다.

"참으로 착하도다. 내가 마땅히 너희들을 위하여 자세히 설명하겠노라. 너희들은 맑은 마음으로 잘 듣도록 하여라. 이 세상에 모든 사람이 귀하고, 천하며, 잘 살고, 못 살고, 끝없이 받아야 하는 괴로움과 한없이 받을 수 있는 행복은 그 모두가 전생에 지은 인과로 이루어지는 것이니라.

인과는 어떻게 지어지는가? 먼저 부모님께 효도하며 삼보를 받들어 믿어야 하며 살생을 하지 않고 모든 사람에게 보시하면 내생에 복을 받을 수 있는 공덕이 되느니라."

이어서 부처님께서 인과에 대한 게송(偈頌)을 설하시었다.

"부귀공명(富貴功名)과 같은 모든 운명은 전생에

그 사람마다 닦은 공덕이니, 만약 이러한 공덕을 쌓고 있는 사람이 있다면 그 사람은 세세생생 그 복이 한량없으리라.

선남선녀들아! 참으로 삼세인과경의 짧은 한마디라도 옳지 않은 것이 없으니 삼세인과경을 듣고 생각하며 지성으로 염송하여 부처님의 진실한 말씀을 듣는 까닭을 알도록 하여라.

먹고 입는 것이 풍족한 사람은 무슨 연고인가?

전생에 가난한 사람에게 차와 밥을 베풀어 준 공덕이니라.

아름답고 착한 여자를 아내로 얻는 사람은 무슨 연고인가?

전생에 불문에 귀의하도록 많이 연결 지어준 공덕이니라.

능라금수 비단옷을 입는 사람은 어떤 까닭인가?

전생에 스님들께 옷 보시를 많이 한 공덕이니라.

고대광실 높고 큰 집에 사는 사람은 무슨 연고인가?

전생에 남에게 보시하고 절에 시주한 공덕이니라.

금생에 복록이 풍부한 사람은 무슨 까닭인가?

전생에 절을 짓고 정자를 세운 공덕이니라.

금생에 자식이 없거나 잘못 키우게 된 사람은 무슨 연고인가?

전생에 여자 몸에 빠져 산 과보니라.

금생에 종노릇 하는 사람은 무슨 연고인가?

전생에 은혜를 갚지 않고 의리를 지키지 않은 탓이니라.

금생에 부모가 없는 사람은 무슨 연고인가?

전생에 많은 새를 잡아먹은 과보니라.

금생에 오래 살지 못하는 사람은 무슨 연고인가?

전생에 살아있는 목숨을 많이 죽인 과보니라.

금생에 총명하고 슬기로운 사람은 무슨 까닭인가?

전생에 재를 지내고 염불 열심히 한 공덕이니라.

금생에 미모가 뚜렷하고 단정하여 잘난 사람은 무슨 까닭인가?

전생에 부처님께 맑고 신선한 꽃을 공양드린 공덕이니라.

금생에 귀머거리는 무슨 연고인가?

전생에 경 읽는 소리를 듣기 싫어한 과보니라.

금생에 부부가 백년해로하고 행복한 사람은 무슨 까닭인가?

전생에 부처님 전을 청소한 공덕이니라.

금생에 귀머거리나 벙어리로 태어나는 사람은 무슨 연고인가?

전생에 부모에게 욕하고 몹시 불효한 과보니라.

금생에 감옥살이하는 사람은 무슨 연고인가?

전생에 남의 사정 보지 않고 서슴없이 악한 짓을 한 과보니라.

금생에 눈 밝은 사람은 어떤 까닭인가?

전생에 기름 시주 많이 하고 등불 밝힌 공덕이니라.

금생에 꼽추로 태어나는 사람은 무슨 연고인가?

전생에 예불하는 사람을 비웃은 과보니라.

금생에 거지가 되어 구걸하러 다니는 사람은 무슨 연고인가?

전생에 악한 마음먹고 가난한 사람을 돌보지 않고 고통받게 한 과보니라.

금생에 소나 말로 태어나는 것은 무슨 연고인가?

전생에 남의 빚을 갚지 않은 과보니라.

금생에 과부가 되어 외롭고 쓸쓸하게 사는 사람은 무슨 연고인가?

전생에 남편을 학대, 구박한 죄이니라.

금생에 팔다리가 온전하지 못한 사람은 무슨 연고인가?

전생에 손발로 못되고 나쁜 짓을 많이 한 과보니라.

금생에 늘 병으로 고통받는 사람은 무슨 연고인가?

전생에 부처님 도량에서 술 마시고 고기 먹은 과보니라.

금생에 항상 병이 없고 건강한 사람은 무슨 까닭인가?

전생에 병든 사람 잘 보살피고 약을 준 공덕이니라.

금생에 늙어서도 눈이 밝은 사람은 무슨 연고인가?

전생에 부처님께 등불 공양 많이 한 공덕이니라.

금생에 난쟁이로 태어나는 사람은 무슨 연고인가?

전생에 불경 책을 땅바닥에 밟고 천대한 과보니라.

금생에 계속해서 목에 피 흘리는 사람은 무슨 연고인가?

전생에 고기 먹고 염불하고 독경한 과보니라.

금생에 몸에 냄새나는 사람은 무슨 연고인가?

전생에 가짜 향을 판 과보니라.

금생에 장수하는 사람은 무슨 연고인가?

전생에 방생을 많이 한 공덕이니라.

금생에 높은 자리는 무슨 연고인가?

전생에 부처님 전에 열심히 기도하고 법보시 많이
한 공덕이니라.

**금생에 귀한 벼슬자리에 있는 사람은 무슨 까닭
인가?**

전생에 불상을 금으로 단장한 공덕이니라.

**금생에 자손이 건강하고 총명하고 집안이 화목한
사람은 무슨 연고인가?**

전생에 남에게 항상 인자하고 좋은 말을 많이 한
공덕이니라.

**금생에 홀아비 신세로 외롭게 사는 사람은 무슨 까
닭인가?**

전생에 남의 아내와 간음한 과보니라."

호교사상위하인천세원가대두인
虎咬蛇傷爲何因前世冤家對頭人

　수없는 죄와 복을 제가 짓고 제가 받으니 지옥으로 떨어진들 누구를 원망하랴.

　미래에 있을 자손이 바로 이 몸이니 인과응보(因果應報)가 없다는 말 함부로 하지 말라.

　재(齋) 많이 지내고 닦은 공덕이 미덥지 못하면 가까이에 복 받는 사람을 볼 것이요, 전생에 닦은 공덕 금생에 받고 금생에 쌓은 공덕 후세에 받을지니라.

　만약에 어느 누구라도 이 경을 비방한다면 후세에 사람 몸을 받을 수 없는 곳에 태어나고, 이 경을 받아 지니고 다니면 시방법계 불보살이 증명할 것이니라.

　어떤 사람이라도 인과경을 받들어 지니면 흉한 재화나 액난에서 벗어날 수 있으며, 이 경을 법문하는 사람은 세세생생(世世生生)에 지혜와 총명함을 얻을 것이요, 그 어느 누구라도 인과경을 독송한다면 후세에 태어나 모든 사람들에게 존경을 받을 것이니라.

　이 경을 출판한다면 집안이 대대로 학문이 높아 명문대가가 될 것이니라.

이 경을 널리 사람들에게 권장하고 펼친다면 후세에 제왕의 몸을 얻을 수 있으리라.

만약에 전생의 인과경을 묻는다면 가섭이 보시한 공덕으로 금빛 몸을 얻을 것을 말할 수 있고, 만약 후세에 인과경을 묻는다면 선성이 법을 비방하다가 사람 몸을 잃은 것을 말할 수 있으리라.

만약에 인과경에 감응(感應)이 없다면 목련존자는 어머니를 어떻게 구해 낼 수 있었겠는가.

어떤 사람이 인과경을 깊이 믿으면 서방의 극락세계에 태어날 것이니라.

삼세인과설은 다함이 없고 하늘과 용은 착한 마음을 가진 이를 저버리지 않고 삼보 문중에 복덕 닦기를 즐겨한다면 한 푼의 희사(喜捨)로도 만금을 되돌려 받을 수 있느니라.

너희들에게 견뢰고(堅牢庫, 보물과 약이 가득한 창고)를 주노니 세세생생에 복덕이 끝이 없으리로다.

만일 전생의 일을 묻는다면 금생에 받고 있는 것이 바로 그것이요, 만약 후세의 일을 묻는다면 금생에 짓고 있는 것이 바로 그것이니라.

꼭 알아야 할 불교용어 사전

가람(伽藍) : 스님들이 모여 부처님을 모시고 그 가르침으로 수행에 정진하는 성스럽고 장엄한 도량이라는 뜻으로, 절과 절에 딸린 건물들을 일컫는 말로도 쓰인다.

가릉빈가(迦陵頻伽) : 사람의 머리에 새의 몸을 하고 있는 상상의 조류. 아름답고 묘한 울음소리를 내는 새. 히말라야 산과 극락정토에 산다고 한다.

거사(居士) : 사회생활을 하면서 불교를 믿는 남자신도.

겁(劫) : 어떤 시간의 단위로도 계산할 수 없는 아주 긴 시간. 찰나의 반대말. 둘레 사방 40리 되는 바위 위에 백년마다 한 번씩 선녀가 내려와 그 위에서 춤을 추는데, 그때 선녀의 얇은 옷으로 스쳐서 그 바위가 다 닳아 없어져도 1겁이 안 된다고 한다.

경(經) : 부처님의 설법을 제자들이 기록해 전하는 것. 대표적인 초기 불교경전은 아함경(阿含經)·법구경(法句經)·숫타니파타(經集)가 있고, 대승경전으로는 반야심경(般若心經)·법화경(法華經)·능가경(楞伽經)·화엄경(華嚴經)·원각경(圓覺經)·금강경(金剛經) 등이 있다.

견성(見性) : 성품을 본다는 말인데, 참 이치를 깨친다는 말. 모든 법의 실상 그 자체와 일치하는 경계를 이루어 부처가 되는 것을 견성성불(見性成佛)이라 한다.

계정혜(戒定慧) : 불교 수행의 기본 덕목. 삼학(三學)이라고도 한다. 계는 악을 저지르지 않고 선을 닦는 계율(戒律), 정은 심신을 고요히 하고 정신통일을 하여 마음이 산란하지 않게 하는 선정(禪定), 혜는 번뇌를 파하고 진리를 증득(證得)하는 지혜(智慧)를 말한다.

공(空) : 실체성(實體性)이 없다는 뜻. 모든 존재는 인연에 의해서 생겨난 것이므로 거기에는 본체(本體), 혹은 실체(實體)라 할 만한 것이 없다는 뜻이다.

과보(果報) : 인과응보(因果應報)의 준말. 이숙(異熟)이라고도 함. 업인(業因)으로 얻는 보답의 결과를 말한다.

근기(根氣) : 부처님의 교법을 듣고 이를 얻을 만한 중생의 능력을 말한다.

다라니(陀羅尼) : 한 자 한 자에 많은 뜻을 지녀 이것을 외우면 갖가지 어려움을 없애고 온갖 복덕을 얻고 공덕을 쌓는다는 범어로 된 주문. 총지(總持)라고도 한다.

달마(達磨) : 달마는 '법(法)'이란 말이다. 달마스님은 인도의 고승(高僧) '보리달마'를 말하며, 중국 선종(禪宗)의 시조이다.

대장경(大藏經) : 불교의 경(經)의 총집(總集). 한자대장경(漢字大藏經) · 빠알리어대장경 · 범어대장경 · 몽고대장경 · 티벳대장경 등 여섯 종류가 있으나, 특히 우리 나라의 팔만대장경(八萬大藏經)은 세계적으로 유명하다.

대중(大衆) : 수많은 여러 사람, 많은 스님을 칭하는 말이다. 또는 비구 · 비구니 · 우바새 · 우바이의 총칭.

대천세계(大千世界) : 온 우주. 삼천대천세계(三千大千世界)를 말한다.

두타(頭陀) : 속세의 번뇌, 의식주의 대한 애착, 욕망 등을 버리고 오직 청정하게 불도를 닦는 수행. 떠돌면서 온 갖 괴로움을 무릅쓰고 불도를 닦는 일을 말한다.

마군(魔軍) : 악마의 군대. 온갖 나쁜 일로 불도를 방해 하는 자들을 일컫는다.

만다라화(曼茶羅華) : 천상계의 꽃 이름. 그 빛깔은 적색 과 비슷하고 지상의 어떤 꽃보다 아름답다고 함. 이 꽃을 보면 마음이 아주 즐거워진다고 한다.

말법(末法) : 삼시(三時)의 하나. 석존이 열반에 든 뒤 정 법(正法), 상법(像法) 다음에 오는 시기. 곧 불법이 다한 후에 다가오는 악독하고 어지러운 세상. 석존이 열반에 드신 뒤부터 정법시대 일천 년과, 상법시대 일천 년을 지 난 후부터 일만 년 동안을 말법시대라고 한다.

멸도(滅度) : 열반·입적과 같음. 미혹을 끊고 생사의 고 해를 건너간다는 뜻. 생사의 큰 환난을 없애 번뇌의 바다 를 건넜다는 뜻이다.

무간지옥(無間地獄) : 아비지옥(阿鼻地獄)이라고도 하는 데, 무간이라고 한 것은 그곳에서 받는 고통이 끊일 간극 이 없이 계속되기 때문이다. 절에 불을 지르고, 탑을 무 너뜨리며, 삼보를 헐뜯고, 부모에게 불효한 사람이 죽은 다음에 떨어지는 아주 무서운 지옥이다.

무명(無明) : 진리(眞理)를 알지 못하는 근본 무지. 모든 것은 무상하며 항상(恒常)함이 없다는 사실에 대해 무지한 것. 무명은 중생고의 원인이 된다.

무상(無常) : 모든 것은 언제나 변하여 영원히 머물러 있 는 모양이 없다는 것이며, 변하여 없어지고 또다시 생겨나 앞으로 더욱 발전할 수 있다는 적극적인 의미가 있다.

바라밀(波羅蜜) : 바라밀은 범어 파라미타(paramita)로서 '완성'을 의미한다. 미혹의 이 언덕에서 깨달음의 저 언덕에 이른다는 뜻으로 보통 열반에 이르고자 하는 보살의 수행을 뜻한다. 육바라밀은 보살이 보시·지계·인욕·정진·선정·지혜를 닦는 것을 말한다. 바라밀을 구현하는 것은 다함 없는 실천으로써 완성하는 것이므로, 궁극적으로 '완성'이라는 의미를 가진 바라밀은 끝없는 실천으로 완성되어 가는 과정이라고 할 수 있다.

반야(般若) : 지혜(智慧)라 번역된다. 즉, 모든 사물의 본래 양상을 이해하고 불법의 진실된 모습을 파악하는 지성의 작용. 최고의 진리를 인식하는 지혜. 반야경(般若經)에는 금강경·반야심경 등이 있으며 세상만유가 공(空)한 존재임을 밝히고 있다.

방일(放逸) : 제멋대로 거리낌없이 노는 것. 방종하여 욕망이 작용하는 대로 흘러 아무런 노력의 힘을 쓰지 않는 마음의 상태를 말한다.

번뇌(煩惱) : 탐(貪)·진(嗔)·치(癡)로 인해서 몸과 마음에 어지러운 정신작용이 생기는 것을 번뇌라고 한다. 번뇌에는 108번뇌와 8만4천의 번뇌가 있다. 눈·귀·코·혀·몸·인식[眼耳鼻舌身意]인 육근(六根)이 색깔·소리·냄새·맛·감각·인식된 것[色聲香味觸法]의 육경(六境)을 만나면 그로 인해 좋고[好], 나쁘고[惡], 좋지도 싫지도 않은[平等] 세 가지 인식작용을 하게 되는데, 이것이 곧 6×3=18의 십팔번뇌가 된다. 이 호(好)·오(惡)·평등(平等)에 의거하여 기쁜 마음이 생기거나[樂受], 괴로운 마음이 생기거나[苦], 기쁘지도 괴롭지도 않은 상태

[捨受]가 되어 다시 18가지의 번뇌가 생겨 모두 36가지의 번뇌가 성립된다. 이 36가지의 번뇌가 과거, 현재, 미래로 이어지므로 108번뇌가 된다. 그리고 번뇌를 팔만 사천 가지로 표현하기도 하는데 그 이유는 인도에서는 가장 많은 수를 8만이라 하였기 때문이다. 우리말 중에 '오만가지'라는 말이 있는데, 그것은 옛날 우리 조상들은 가장 많은 수를 5만이라고 하였기 때문이다. 즉 번뇌의 종류가 많은 것을 팔만 사천 번뇌라고 한다. 중생에게 팔만 사천 번뇌가 있으므로, 팔만 사천 법문이 생기게 되었다.

법(法) : 범어 다르마의 번역. 달마(達磨)라고도 한다. 일반적으로 법칙·규범 등으로 쓰이는 이 말은 불교에서는 여러 가지 뜻으로 쓰이는데, 붓다의 교법·속성·모든 현상의 본질적인 법칙 등을 의미한다.

법담 : 구도전법에 대한 이야기를 서로 주고받는 것. 설법담의(設法談義)의 약어이다.

법문 : 무문(無門)의 대법(大法)을 설(設)하는 것.

법열(法悅) : 마음을 깨달아 지혜를 얻는 순간, 또는 그것을 남에게 가르칠 때 느껴지는 기쁨을 말한다.

법계(法界) : 법은 만유 제법이란 말이고, 계는 모든 법의 모양을 말하는 것이다. 즉 우주에 있는 유형·무형의 모든 사물을 가리키는 말이다. 화엄경에서는 법계를 4법계로 나누는데, 사법계(事法界), 이법계(李法界), 이사무애법계(李事無碍法界), 사사무애법계(事事無碍法界)이다.

보리(菩提) : 불교 최고의 사상(思想)인 부처님의 지혜, 혹은 그 지혜를 얻기 위해 닦는 도(道)를 말한다.

보살(菩薩) : 성불하기 위하여 수행하는 존재. 불도에 들어 사홍서원을 세우고 육바라밀을 행하는 사람으로서, 위로는 지혜를 구하고 아래로는 중생을 제도하는 존재. 보리살타의 준말이며 보리[覺]와 살타[衆生]의 합성어이다.

불타(佛陀) : 범어 붓다(Buddha)의 음역으로, 각자(覺者)라는 뜻이다. 석가모니 부처님의 가르침을 깨우치면 중생은 누구나 다 같이 붓다가 될 수 있다고 하였다.

사겁(四劫) : 세계의 성립에서 파멸에 이르기까지의 성겁(成劫)·주겁(住劫)·괴겁(壞劫)·멸겁(滅劫) 등을 말한다.

사대(四大) : 물질을 구성하는 4대 원소. 지(地)·수(水)·화(火)·풍(風)으로서 만물이 이루어 진다고 한다.

사생(四生) : 생물이 나는 형식의 네 가지로서 태생(胎生)·난생(卵生)·습생(濕生)·화생(化生)을 말한다.

삼계(三界) : 일체중생이 윤회하는 세 가지 세계이다. 욕계(慾界)·색계(色界)·무색계(無色界)를 말한다. 때로 불계(佛界)·중생계(衆生界)·심계(心界)를 가리키기도 한다.

삼독(三毒) : 탐(貪)·진(瞋)·치(癡). 즉, 탐욕·화냄·어리석음의 3가지 근본번뇌이다.

삼법인(三法印) : 불교의 근본이념. 어떠한 가르침이 있을 때 그것이 부처님께서 설하신 진리인가를 확인하기 위한 기준을 말한다. 남방 상좌부 불교는 고(苦)의 문제에 초점을 맞추어 제행무상(諸行無常), 일체개고(一切皆苦), 제법무아(諸法無我)의 세 가지를 꼽는다. 하지만 대승불교의 경우 고(苦)의 문제에 초점을 둔 '일체개고'보다는 불교의 고유 개념이자 수행의 목적을 분명하게 드러내는 '열반' 개념을 포함시켜서 제행무상, 제법무아, 열반적정(涅槃寂靜)의 세 가지를 삼법인으로 정립한다.

삼보(三寶) : 불(佛, 진리를 깨우친 사람. 부처님), 법(法, 부처님께서 말씀하신 이치), 승(僧, 부처님 제자인 스님).

삼세(三世) : 과거·현재·미래. 또는 전세(前世)·현세(現世)·내세(來世)를 말한다.

삼신불(三身佛) : 부처님께서 설하신 진리가 나타나는 모습을 법신불(法身佛), 보신불(報身佛), 화신불(化身佛)의 세 가지로 나누어 삼신불이라고 한다. 법신불은 우주의 진리 그 자체를 부처님의 몸으로 형상화한 것이다. 비로자나불과 대일여래가 법신불에 해당한다. 보신불은 서원을 세워 깨달음을 이룬 부처님이다. 48가지의 서원을 세워 서방정토를 건설한 아미타불(阿彌陀佛)과 12대원을 세워 성취한 약사여래불(藥師如來佛), 그리고 노사나불(盧舍那佛)이 보신불에 해당한다. 화신불은 응신불(應身佛)이라고도 하는데, 중생의 몸으로 이 세상에 나타난 부처님으로 석가모니부처님이 여기에 속한다.

삼장(三藏) : 경(經)·율(律)·논(論). 부처님이 말씀하신 진리의 교법인 경(經), 부처님이 정하신 계율(戒律), 부처님의 교법에 대한 제자들의 논설 및 주석의 세 가지를 말하는데, 이것이 곧 불교의 근본 성전(聖典)이 된다.

삼존불(三尊佛) : 본존불과 양편에 모시는 불보살님.

　　① 미타삼존 : 아미타불·관세음보살·대세지보살
　　② 약사삼존 : 약사여래·일광보살·월광보살
　　③ 석가삼존 : 석가모니불·문수보살·보현보살

설교(說敎)와 설법(說法) : 불교의 교리를 설명하는 것을 말한다. 말로 가르치는 것을 설교라고 하고, 법력이 높은 법사 스님의 설교를 높여서 일컬어 설법이라고 한다.

색즉시공(色卽是空) : 색(色)은 모든 유형적 물질을 말하는데, 이것은 인연으로 일시적으로 생긴 것이어서 실유(實有)가 아니므로 공(空)하다는 말이다. 공(空)은 없다는 것이 아니라 유(有)와 무(無)의 초월적 의미를 갖는다.

승(僧) : 스님이나 승가(僧伽)를 뜻한다. 불교 교단생활을 하는 화합한 대중을 일컫는 말로 최소한 네분 이상의 스님이 한곳에 모인 단체를 승가라고 한다.

수기(授記) : 부처님이 제자들에게 미래에 부처가 될 것이라고 하는 예언을 수기라고 한다.

시방(十方) : 동·서·남·북·동남·동북·서남·서북·상(上)·하(下)의 열 가지 방향. 곧 온 우주를 말한다.

십팔계(十八界) : 안이비설신의(眼耳鼻舌身意)의 육근(六根)과 색성향미촉법(色聲香味觸法)의 육경(六境)이 만나면 인간 내면에 안식(眼識)·이식(耳識)·비식(鼻識)·설식(舌識)·신식(身識)·의식(意識)의 육식(六識)이 발생하여 한 다발을 이룬다. 이것을 총칭하여 십팔계라고 한다.

십호(十號) : 부처님의 열 가지 이름이다. 여래(如來)·응공(應供)·정변지(正遍知)·명행족(明行足)·선서(善逝)·세간해(世間解)·무상사(無上士)·조어장부(調御丈夫)·천인사(天人師)·불세존(佛世尊).

아뇩다라삼먁삼보리(阿耨多羅三藐三菩提) : 더 위없는 진실한 완전한 깨달음. 무상정등각(無上正等覺)이라고 한역되며 부처님의 지혜를 말한다.

아라한(阿羅漢) : 소승불교의 교법을 수행하는 사람 가운데 최고의 경지. 사성제의 이치를 깨달아 온갖 번뇌를 끊고 다시 태어나고자 하는 집착을 버린 성자. 사람들의 존경을 받을 만한 공덕을 갖춘 성자. 성문사과(聲聞四果)의 가장 윗자리이다. 성문사과는 수다원·사다함·아나함·아라한과.

열반(涅槃) : 범어 '니르바나'의 음역. 모든 번뇌의 속박에서 벗어나 불생불멸의 법을 체득한 경지를 말하는데, 해탈은 불교 이외의 인도사상에서도 쓰는 용어이지만 열반은 석가모니부처님께서 설하신 불교의 고유 용어이다.

오온(五蘊) : 인연화합에 의해 변화하고 생멸하는 '중생의 존재'를 색수상행식(色受想行識)의 다섯 가지 요소로 분류한다. 색(色, 지수화풍으로 구성된 신체 혹은, 물질일체)·수(受, 즐거움이나 괴로움을 느끼는 마음의 작용)·상(想, 과거 경험에 대한 표상작용으로 어떤 대상을 마음속에 그리는 것)·행(行, 미래에 대한 의지작용으로 의도나 의지를 가지는 마음작용)·식(識, 의식하고 분별하는 마음작용). 중생의 존재는 물질적인 색과 정신적인 수상행식의 요소가 작용하는 것이므로 여기에 고유한 자아는 없다. 오온이 무아라고 볼 수 있으면 올바른 견해[正見]를 얻을 수 있다.

옴마니반메훔 : 옴(唵)은 주문의 첫머리에 놓는 말. 인도에서 성스러운 말로 쓰여졌으며, 일체 우주의 만법이 이 한 글자에 집약된다고 여겨졌다. '옴 마니반메훔'은 '마니주를 가진 성자여!'라는 의미로서, 여의주를 지니고 중생의 소원을 들어주는 관세음보살의 대자대비에 의해 번뇌와 죄악이 소멸되고, 지혜와 공덕을 갖추기 위한 주문이다.

육경(六境) : 육근(六根)으로 인식하는 대상을 말한다. 색(色, 빛깔)·성(聲, 소리)·향(香, 냄새)·미(味, 맛)·촉(觸, 감촉)·법(法, 인식된 것).

육근(六根) : 육경(六境)을 인식하게 하는 감각기관. 안

(眼, 눈의 시각)·이(耳, 귀의 청각)·비(鼻, 코의 후각)·설(舌, 혀의 미각)·신(身, 몸의 촉각)·의(意, 인식).

육도(六道) : 중생이 업(業)에 따라 윤회하는 여섯 길을 말한다. 지옥·아귀·축생·아수라·인간·천상.

육식(六識) : 육근의 주관이 육경의 대상을 만나서 성립되는 정신작용으로 안식(眼識)·이식(耳識)·비식(鼻識)·설식(舌識)·신식(身識)·의식(意識)을 말한다.

장로(長老) : 덕행이 높고 나이가 많은 스님. 불도에 들어온 지 오래되어 대중의 존경을 받는 스님을 일컫는 말로 불교 고유 용어이다.

중생(衆生) : 육도(六道)에 윤회하여 살아가는 모든 무리. 생명을 가지고 있는 모든 존재를 통틀어 일컫는 말이다.

파사현정(破邪顯正) : 그릇된 것을 깨어 버리고 바른 것을 드러낸다는 말이다. 부처님의 가르침에 어긋나는 사악한 것을 부수고 사고방식을 바르게 한다는 의미이다.

팔상(八相) : 석가모니께서 이 세상에 나셔서 중생을 제도하려고 일생동안 나타내 보인 여덟 가지 모습[相]을 말한다. 도솔래의상(兜率來儀相)·비람강생상(毘藍降生相)·사문유관상(四門遊觀相)·유성출가상(踰城出家相)·설산수도상(雪山修道相)·수하항마상(樹下降魔相)·녹원전법상(鹿苑轉法相)·쌍림열반상(雙林涅槃相).

포살(布薩) : 매월 2회(만월과 신월) 같은 지역(界) 내의 스님들이 한 곳에 모여서 지켜야 할 계율 조항(파라제목차)을 하나씩 읽어 나가면서 그것을 위반한 행위가 있었던 이는 그 행위를 고백하고 참회하여 다시 청정한 비구성을 회복하는 의식을 말한다.

홍법(弘法) : 부처님의 가르침을 널리 편다는 뜻. 현재 한국 불교계에서는 '홍법'이라는 용어보다 '포교'라는 말을 더 많이 쓰고 있다. 여러 곳을 다니면서 하거나 또는 한 장소에 있으면서 포교하는 이를 '포교사'라고 부른다.

해탈(解脫) : 번뇌의 속박을 벗어나 자유로운 몸이 되는 것을 말한다. 지혜로써 무명(無明)을 소멸시켜 그 속박에서 벗어나는 것을 혜해탈(慧解脫)이라고 하고, 이것은 다른 외도 사상에서 설하는 해탈이나 초월과 구분되는 불교 고유의 개념이다. 혜해탈과 달리 마음 속의 탐욕과 집착을 소멸시켜 속박에서 벗어난 마음 상태를 심해탈(心解脫)이라고 하는데, 이것은 수행의 경지가 낮은 경우에도 일시적으로 얻을 수 있고 머지않아 사라질 수 있는 해탈이다. 불교 수행이 추구하는 것은 무명을 완전히 제거한 경지이며, 궁극적으로는 혜해탈을 목적으로 삼는다. 혜해탈과 더불어 심해탈에 이른 경지를 '양쪽 길의 풀려남'이라고 하여 양분해탈(兩分解脫)이라고 한다. 이같은 세 가지 해탈에서 혜해탈과 양분해탈은 불교의 최종목표인 열반을 나타낸다.

화상(和尙) : 덕이 높은 스님을 가리켜 부르는 호칭이다.

회향(廻向) : 자기가 닦은 선행의 공덕을 모두 중생이나 불보살님께 돌려 보내는 것을 말한다.

현교(顯敎)와 밀교(密敎) : 석가모니불이 일체중생을 교화함에 있어 누구나 다 알 수 있는 방법으로 중생의 근기에 맞춰 설법하려는 형식이 현교이고, 이에 반해 부처님의 세 가지 신비한 신력(神力)·가지(加持)에 의해 깨닫게 하는 형식을 밀교라 한다.

경전을 보시하는 공덕은?

남에게 주는 모든 것을 보시(布施)라고 한다.

보시 중에도 가장 수승(殊勝)한 것이 법보시라고 하였다.

금강경(金剛經)에 말씀하시길 칠보(七寶)를 보시하는 것보다 남을 위하여 생명을 바치는 공덕이 더 크며 육신을 희생하는 공덕보다 부처님의 경전을 수지해설(受持解說)하는 공덕이 훨씬 수승하다고 하였다. 하물며 경전을 보시하는 공덕이야 비할 바 없다.

물질과 육체는 유한(有限)된 이익이지만 부처님의 말씀은 정신개척에 무한(無限)한 영향을 끼치기 때문이다.

화엄경(華嚴經)에도 보시공덕 중 법보시가 가장 높다고 하였다. 그 밖에 여러 경전에 법보시에 대한 말씀이 소개되고 있다.

불자들은 항상 법보시함을 잊지 말라. 생일, 회갑 또는 부모, 스승, 친지의 사십구재, 재일, 결혼, 결혼기념일, 그 밖에 불교와 인연없는 사람에게 불교 서적을 읽도록 권장하고 신심을 갖도록 하라.

경전과 불상을 조성하는 열 가지 이익

一. 전생에 지은 죄업(罪業)이 경(經)한 것은 곧 멸하고 중(重)한 것은 가벼워집니다.

二. 항상 선신(善神)이 보호하여 모든 전염병, 수재, 화재, 도적, 난리, 감옥의 재앙을 막아줍니다.

三. 전쟁의 원수들이 법익(法益)을 얻어 해탈하므로 서로 보복(報復)이 없어집니다.

四. 야차(夜叉), 악귀(惡鬼), 독사, 호랑이 등이 침해치 못합니다.

五. 마음이 편하고 꿈이 좋으며 기운이 충실하고 모든 일이 이루어집니다.

六. 성심으로 법을 받들므로 바라지 않더라도 자연스럽게 의식이 풍족하고 가정이 화목하고 수복이 무량합니다.

七. 말과 행동을 사람마다 기뻐하여 항상 대중의 공경 예배를 받습니다.

八. 수명이 장수하여 단명하지 않고 병고자는 즉득쾌차하여 건강한 삶이 이어집니다.

九. 몸은 항상 구족하고 마음 또한 미혹하지 않아 남보다 뛰어난 힘을 가집니다.

十. 중생을 위하여 착한 공덕과 큰 복을 지어 좋은 과보(果報)를 얻고 극락(極樂)에 나서 부처님을 친견하여 법문을 듣고 육신통(六神通)을 얻어 빨리 성불합니다.

경전과 불상을 조성하면 이와 같은 수승한 공덕이 있는 고로 무릇 수명을 빌거나 기쁜 일을 축하하거나 모든 재액을 면하려 하거나 구하기를 빌거나 참회하고 천도할 때마다 마땅히 환희심으로 보시 희사하기를 노력하여 행할지어다.

포고를 위한

불교 기초 상식

개정증보판 3쇄 발행 2022년 4월 5일

초판감수 / 준제 스님
기획 및 엮음 / 최영철
편 저 / 최진혁
펴낸곳 / 한영출판사
조판 및 편집 / 이수애
책임교열 / 이덕기(경북대 국문학 박사수료, 동대학 글쓰기 강의교수)

등록 / 1975-000003호
주소 / 대구광역시 중구 태평로 1가 187 태평라이프 330호
전화 / (053)423-6690, 423-7790
팩스 / (053)423-7790

정가 : 6,000원
ISBN 978-89-88670-65-1 03220

이 도서의 국립중앙도서관 출판예정도서목록(CIP)은 서지정보유통지원시스템 홈페이지
(http://seoji.nl.go.kr)와 국가자료종합목록 구축시스템(http://kolis-net.nl.go.kr)에서 이용
하실 수 있습니다. (CIP제어번호 : CIP2019012666)

판 권
본사소유